U1004774

会呼吸的密码

HUI HUXI DE MIMA

悦读好故事系列丛书

文丽俊◎著

安徽师范大学出版社
·芜湖·

图书在版编目(CIP)数据

会呼吸的密码 / 文丽俊著. — 芜湖：安徽师范大学出版社，2017.3
(悦读好故事)
ISBN 978-7-5676-2734-5

Ⅰ. ①会… Ⅱ. ①文… Ⅲ. ①故事 – 作品集 – 中国 – 当代 Ⅳ. ①I247.81

中国版本图书馆CIP数据核字(2017)第022253号

会呼吸的密码　　文丽俊◎著

责任编辑：舒贵波
装帧设计：任　彤
出版发行：安徽师范大学出版社
　　　　　芜湖市九华南路189号安徽师范大学花津校区
网　　址：http://www.ahnupress.com/
发 行 部：0553-3883578　5910327　5910310(传真)
印　　刷：浙江新华数码印务有限公司
版　　次：2017年3月第1版
　　　　　2017年3月第1次印刷
规　　格：700 mm×1000 mm　1/16
印　　张：12.75
字　　数：206千
书　　号：ISBN 978-7-5676-2734-5
定　　价：32.00元

如发现印装质量问题，影响阅读，请与发行部联系调换。

目　录

第一辑　历史眼

石狗闹雷州 ……003
惊魂“定心丸” ……011
千年盐宝 ……018
“封禅”路上的“封口费” ……023
流泪的砚石 ……029
悬壶济世“清明根” ……035
藏起来的祠堂 ……039
羞杀 ……047
张仲景巧断无头案 ……053
愤怒的“杰迈玛阿姨” ……058
傻子不傻 ……065

第二辑　爱情花

手语爱情 ……077
顺其自然 ……082
试衣镜 ……084
渔场情事 ……086

用“富二代”的方式说爱你 ……092
美丽蛛网衣 ……099

第三辑　街巷谭

桃色漩涡 ……107
进口牛排害死人 ……111
“蓝嘴唇”女孩的伟哥梦 ……115
惊魂野象坡 ……121
五分钟的特权 ……129
有色眼镜 ……131
大妈不跳广场舞 ……133
要命的癖好 ……138
诡异的玫瑰幻境 ……142
我的女儿是“变色龙” ……152

第四辑　西洋镜

是谁让你灵魂出窍 ……159
会呼吸的密码 ……167
普罗米修斯的怒火 ……176
塞舌尔的爱情谋杀 ……183
饿死也不离婚 ……190

第一辑

历史眼

第一辑

石狗闹雷州

一、石狗会咬人

清嘉庆年秋，新科探花李文韬微服前往雷州赴任。走在雷州街头，李文韬发现一个有趣的现象。这里的人似乎特别钟爱石狗，门前、井边、路口和屋顶都摆放着形态万千、表情丰富的石狗。李文韬心想，也许近几年这里海盗很多，大家祈求石狗保护吧。

因为不知道县衙的具体方位，李文韬站在一个十字街口，想找个人问问道，这时，从西面走来一位美貌女子，手上牵着一个目光呆滞的小男孩，男孩驼背、斜眼，一瞧便是傻子。李文韬迎上前去，先施一礼，才问去县衙怎么走。女子看了他一眼，并未说话，只是抬手一指，又低着头匆匆走开了。李文韬只好顺着女子手指的方向走去。

拐过一个路口，李文韬眼前一亮，不仅看到了县衙的大门，还看到很多人围在那里。李文韬分开众人，走上前去，只见一矮胖男人正瘸着条腿坐在地上，脸露痛苦之色。李文韬点点头，抬腿往里走，边走边说："升堂！"大家这才知道，这位就是新来的大老爷啊。

案情很简单，告状人叫张山，说被妖妇陈婉儿家的石狗咬伤，已花去十几两银子，至今伤口未愈。

“石狗？”李文韬哑然失笑，虽然天下之大，无奇不有，但石头怎会咬人呢？

张山见县令不相信自己的话，一时急得满脸通红，大声说：“大人有所不知，咱雷州的石狗可不一般，灵着呢。而且我这伤口大夫也验过了，确实是狗咬的。小的若有半句谎话，天打雷劈。我这伤口上还留着红色的石粉印，请大人明察！”

李文韬示意仵作验伤，果然有石粉印。张山接着说，“那天晚上他路过陈婉儿家门口，那只石狗突然向他冲来，张嘴就咬，可怜腿上一块肉就这样生生给咬掉了。”

李文韬沉吟半晌，传陈婉儿上堂。待那妇人上得堂来，抬起头，李文韬吃了一惊，居然是刚才给他指路的妇人。他尚未问话，陈婉儿已经泪光盈盈，满脸惊恐之色。李文韬不禁心生恻隐，和颜悦色地问道：“你且不必惊慌，本官自会主持公道。你家是否养了恶狗，如果真是你家的狗咬伤了人家，于情于理都是要赔银子的。”

陈婉儿颤声答道：“民妇冤枉，民妇自幼怕狗，家中从未养过狗。”一旁的张山连忙说：“大人明察，小的不是被真狗咬，而是被她家门前的石狗所咬。”李文韬大声斥道：“荒唐！刁民休要妖言惑众，念你有伤在身，不施杖刑，立刻退下。”张山愤愤不平地边走边咕哝：“明明是石狗咬的，明明是嘛……”

不知是为证实张山的话，还是想让李文韬头疼，接下来的一个月，石狗咬人案频频发生，而且均发生在陈婉儿家，一时间众说纷纭，妖妇一说甚嚣尘上。几个人的伤口如出一辙，他们告上县衙，强烈要求严惩陈婉儿并赔偿医药费。有人还说，大老爷不给做主，他们就自己想法解决。本以为是几个刁民无理取闹，但现在看来，如果不弄个水落石出，恐难以服众。李文韬当庭允诺，一个月内给予答复。但李文韬也说了，谁敢滋事，定严惩不贷！

二、蹊跷的石雕大赛

李文韬带着几个衙差来到陈婉儿家查验。简陋的房屋周围果然零零落落地放着一些石狗，与普通人家相比并无异常。陈婉儿摆上茶点，邀请衙差们入内喝茶，李文韬示意随从稍歇，自己却对每只石狗细细观看。

大约过了一个多时辰，李文韬也入得堂内，见屋内陈设简陋，墙壁斑驳，可想主人日子过得并不殷实，便关切地问道："你一个弱女子如何维持生活？"陈婉儿垂目答道："自去年夫君遭海盗杀害后，民妇一直依靠给人做女红为生。"李文韬又问："看你生得一副好模样，人也勤快，为何不再找户人家？"陈婉儿的头垂得更低了，小声说："倒是也有说媒的，但是寻常人家一听我有个痴呆儿转身就走。有个大户人家愿娶我当妾，但却要我丢弃儿子。民妇不怕孤单，宁愿苦点累点，也要养大自己的亲生儿……"李文韬禁不住叹息，好一个贞烈贤淑的女子，可惜命运多舛。他发现桌子上也摆着好些个小石狗，有的只有十几公分高，个个憨态可掬，煞是可爱，便随口问道："你说怕狗，家里却有不少石狗摆件，这又为何？"陈婉儿忽然羞涩地笑了，说："石狗是雷州人信仰的神物，我虽然怕狗，也不能不放。这些小玩意是石匠送给孩子玩的，你没发现全部都是笑眯眯的，一点不吓人。"李文韬第一次看见她笑，笑起来着实秀美动人，鼻尖的几颗小痣平添了几分风情。他随口说："我初来雷州，拿几只小石狗回衙门再好好看看，行吗？"陈婉儿连忙说："当然可以，大人随便拿。"

李文韬拿了两个放进袖中，率众离开。回到府中，他左右端详，想找出奥妙之处，一时间陷入沉思。忽然，李文韬站起身，悄悄出门，径自奔向李婉儿的住处。快到门口时，天已大黑，李文韬躲在暗处仔细观察门口的石狗，有一只狗眼竟发出异彩，在夜色中熠熠生辉，宛若神物！李文韬呆住了，半晌才缓缓踱回府中。

第二天，衙门贴出公示，在全县举行石雕大赛，获胜者能得到一百两银子的犒赏。整个雷州城的石匠都报了名，个个对比赛充满期待。比赛当天，李文韬指着衙门口的大石狗说："三天之内，谁雕的石狗与这只一模一样，即为赢家。"众石匠纷纷拿出尺子比划着丈量，之后散去。

三天后，大家各自抬来自己精心制作的石狗，让县令评比。人声鼎沸中，李文韬逐一在几十只石狗前停留，并不时抚摸每个部位。大约两个时辰后，他指着一只石狗，满意地说："就这个了！"众人一看，是石匠林无双所刻。这下子，大家都服了。林无双自小聪慧过人，什么东西看一眼马上就能刻出来，不仅手脚快，而且惟妙惟肖。李文韬冲林无双招招手，示意他进县衙说话。两人走进内院，落座后，李文韬目光炯炯地盯着林无双，说："想不到你一介莽夫用情居然如此之深，让本官佩服！"林无双黝黑的脸顿时涨得通红："大人何出此言？请莫要取笑草民。"李文韬笑着摸摸鼻子，在他耳旁低声说了几句，林无双听完，突然跪倒在地，涕泪俱下。

李文韬长叹一声，说："事已至此，这两天你帮本官干一件事，案子就可以了结了。"林无双虽然疑惑，但还是点了点头。

三、妙计促姻缘

这天，西头村的麦婆像往常一样提着白米饭和猪肉来到镇上最大的石狗雕像前拜祭，她的儿媳进门好几年，尚未怀上孩子，全指靠石狗给麦家添丁了。她拜完刚准备抬脚离开时，一瞥石像，顿时大叫起来："天啊，石狗降罪了，石狗降罪了……"

消息风一般传遍了县城，原来那座石狗像的生殖器本来硕大无比，象征着添丁旺丁，现在蔫了似的耷拉歪到了一边，体积也小了一半。这可是大凶之兆，是本地出现了有伤风化的淫秽之事，所以石狗大仙要严惩当地民众，不再赐丁之意。抱孙心切的麦婆在大街上捶胸顿足，其他人也跟着不安起来。很快，又传来惊人的消息，张山家里的石狗亦是如此。不久，另外那几个被石狗咬伤的人家中也出现此异相。

李文韬当即传张山等一干人前来衙门问话，旁听围观者甚众。李文韬大喝一声："你等是不是欲行苟且之事才被陈婉儿家的石狗咬伤，后来还恶人先告状，索要人家银两。如此伤风败俗之事激怒了石狗，否则为何单单你们几家人的石狗异样，还不从实招来！"

围观人群中突然跳出一个老者，正是打更的王大五。他跨步上前，指着张山破口大骂起来："张山，你还是认了吧。那晚明明是你爬人家陈婉儿家的墙头，想占便宜，才被石狗咬伤。我每天路过她家，怎么从来没东西咬我？当时老远见你正在爬墙，我嚎了一声，你掉了下来，硬塞给我一两银子，求我别声张。现在事情闹得这么大，石狗大仙都降罪了，你就别再抵赖了。"

人群中一片哗然。张山满脸羞愧，当即服罪。其他几人见此情形，也相继服罪。陈婉儿泪眼婆娑，直呼"青天"。

不几日，无论是村头的大石狗还是张山等人家中的石狗均恢复了原貌。此后，陈婉儿家中再也没出现过石狗咬人的事件。石狗看家护院、扬善惩恶的故事在雷州传得更神奇了。

李文韬和随从微服来到陈婉儿家，说是还她那两个小石狗。陈婉儿诧异地说："不值钱的小玩意，大人何必这么认真？"李文韬正色道："这值钱得很啊，乃无价之宝。你仔细看过每只狗没？"陈婉儿茫然地摇了摇头。李文韬耐心地指着一只小石狗的鼻子说："看见这几颗痣没？是否与你鼻子上的一模一样？"陈婉儿定睛一看，果然是这样。她脸一红，急忙去看其他石狗，只见大大小小每个石狗的鼻子上都藏着几颗细小的痣，寻常人不细看根本察觉不出。

李文韬见她若有所思，正色说道："易求无价宝，难得有情郎。这份痴情连本官都为之动容，你现在明白他的心思了吧。你俩都是这么害羞，林无双觉得配不上你的容貌，不敢表白。好了，本官就做一次媒人，成全了你们吧！"

一个月后，在县令李文韬的主持下，陈婉儿嫁给了雷州第一石匠林无双。但人们在赞叹李文韬的同时，仍对陈婉儿家门口的石狗很好奇。看家的石狗，不吃不喝却能看家护院。

四、节外生枝露端倪

谁知，这件事不久就被一群海盗听说了，其中一个小头目叫秦大虎，就是雷州人，父亲也是石匠，但技术不好，所以，他没有承父业，去靠雕石狗糊口，而是当了海盗。前几天他夜里偷偷回家，听父亲讲了这件事，觉得很是稀奇，回去就告诉了大当家的。大当家的说："放屁！石狗怎么会咬人？你明天去县衙告诉李文韬，我向他下战书，如果他的石狗会咬人，我就不骚扰雷州百姓；如果不能，我就要了他的命！"

第二天，秦大虎带着大当家的写的战书来到县衙，交给了李文韬。李文韬看完说："回去告诉你家大当家的，战书我接了！十天后让你家大当家的过来受降。"

秦大虎走后，李文韬立即找林无双来商量对策。林无双说："海盗既然敢下战书，那就是来者不善，仅凭我那只石狗是不行了。不过，我想到一个办法，大人你放心，我定让海盗输得口服心服。"

十天后，天阴沉沉的，近百名海盗操着大刀长矛，在夜色的掩护下悄悄靠近雷州城门。要是往常，夜里的城门该是关着的，但今天却大开着，像一只巨兽张着血盆大口，等着自己的猎物。秦大虎比较熟悉地形，匍匐着爬到城门口，见门里面整整齐齐排着十只石狗，将城门口堵得严严实实。

秦大虎笑了，心想就这伎俩还想挡住我们？他站起身，从怀里掏出石头和石镰，狠狠一擦，后面的海盗一见火光信号，都挥舞着刀枪冲向城门。

就在这时，只听秦大虎"哎呀"一声，飞快地往回跑。后面的海盗却往前跑着，留不住脚，"咚"的一声将秦大虎撞倒，继而踩在脚下。而跑在最前面的海盗，随即也大叫着往回跑。因为他们看到，前面的那些石狗真的活了，正凶狠地向他们扑来。

本来就做贼心虚，加上以前石狗咬人的传闻，这些海盗哪里还有胆子厮杀，都转身往海边的大船跑去。正在大船上喝茶等候好消息的大当家的，一看自己的手下这么狼狈，气得飞脚踢翻一个海盗，大声喊道："你们这些窝囊废……秦大虎呢……"但随即，一个黑影向他扑来，他挥刀砍去，随着一声惨叫，一条狗转身跑了。大当家的低头一看，自己脚下除了血迹，还有不少石粉。他只好下令撤退。

海盗倒还守约，从此真的不再来雷州骚扰，老百姓长舒了一口气。但这个石狗咬人的秘密，从此成了公开的秘密。开始咬张山的狗和后来咬海盗的狗都是真狗，只不过被聪明的林无双藏在空心的石狗里面。那些空心的石狗从前面看和真狗没什么两样，但后面却是由薄木片做的，真狗藏在里面，只要往后一退，就能拱破木片出来。为了骗过张山等人，林无双割断自家狗的声带，藏在一只空心石狗里面，每晚搬到陈婉儿家围墙下，第二天一大早又搬走，这才不露声色地保住了心上人的清白。至于城中石狗生殖器的变化，自不待言了。而这次逼退海盗，林无双是请来了山里的十几个把兄弟，这些人以打猎为生，每人都有几只好狗。为了表演真实，他们在石狗的身上撒了不少湿石粉。这些石粉粘在狗毛上，被风一吹就干了，所以，大当家的看到那些石粉，再听海盗们添油加醋一说，不相信才怪。

本来，“石狗咬张山”一案后，李文韬和林无双商量，把这件事隐瞒下去，让这个传闻吓唬坏人，却不想节外生枝，引来海盗。不过，这件事后，老百姓好像签过生死状一样，谁也不提“空心石狗”的事，这事像是从来没有发生过。

惊魂“定心丸”

一

李庭超气喘吁吁地一路狂奔,好不容易才摆脱追赶的人群。他瘫坐在地上,感到无比沮丧。他祖上三代行医,其父自幼便教他辨识中药材,希望他能够承父业。偏偏李庭超嫌行医辛苦,整天游手好闲,不务正业。父亲死后,家道中落,他便仗着几分小聪明,四处卖狗皮膏药骗银子。不巧,这次因为牛皮吹得太响,得罪了有权势的人,人家声言决不放过他。

他四处张望,发现前面路口有支军队正在招兵。时值明洪武十六年,边境时有倭寇进犯,想是战事吃紧,需要不断补充新兵。李庭超擦了把汗,继续赶路。突然有个军官一把拽住了他:“看你年纪轻轻,不如加入我大明军队为朝廷效力吧。”李庭超刚要挣脱,远远地传来一阵嘈杂声:“有人看见那个混蛋往这边逃了,快追上他,往死里打……”他顿时冷汗直流,立刻对军官说:“好,好,我这就加入!”

本想混进军营吃几顿安稳饭,没几天,李庭超的肠子都悔青了。除了每天要进行艰苦的训练外,还时不时上战场与倭寇激战。有一次,他和众将士追击敌人到一深谷，忽然被对方包围。刀光剑影，火光熊熊，血肉横飞，李庭超吓得肝胆俱裂，他的左肩还被砍了一刀，胳膊差点掉了下来。他何曾见过这等场面，又痛又惊，神思恍惚，昏厥了过去。

醒来时，他正躺在一群伤兵中，全身火辣辣地疼，周围不时传来伤者的哀鸣声，李庭超回想起先前的情景，仿若人间炼狱，突然间他发出一声惊悚的惨叫，手舞足蹈无法自已。只见堂内迅速奔出一个五十开外大夫模样的人，用力把他按住，然后塞了个丸子到他嘴里，迫他咽下。顷刻间，李庭超只觉头脑一片清凉，先前挥之不去的血腥画面倏地消失了，伤口也没那么疼了，他拱手称谢。那人微微一笑，说："我叫孙舜，是这里的随军大夫。你很快就会好起来的。"他安静下来后发现，那大夫给每个伤员都服用了那种丸子，伤兵们服后神色都缓和了很多。

李庭超略懂医理，发现这种丸子太神奇了，问左右兵士，有人说好像叫"定心丸"。他听后觉得不大对劲，又不好继续问，心里却活动开了。打那以后，李庭超有事没事都爱往孙舜大夫那里跑，帮着烧水、敷药什么的，两人慢慢熟络起来。有一次闲聊时，李庭超好奇地问道："据我所知，定心丸在唐代时就有记载，乃用人参、桂心、白术等14种中药制成，主治恍惚惊悸、心神不安，但味道和疗效和咱们这种定心丸大相径庭啊，这是为什么呢？"孙舜警觉地扫了他一眼，沉吟半晌，说道："你小子眼光真行啊，这是我大明军队必备之药，战士服用后伤口和神志都能迅速复原，与医书上记载的定心丸自是不同。"李庭超眼睛一亮，接着问道："那咱们的定心丸是用什么药材所制呢？"孙舜瞪了他一眼，说："这是军中机密，岂能随便泄露？你休要再问！"李庭超连忙噤声。他发现孙舜制定心丸时非常神秘，总是一个人待在屋子里捣鼓药粉，禁止旁人靠近。李庭超本来也是三分钟热度，见此情形，只好作罢。

二

苦苦熬了几个月，李庭超琢磨着外面风声小了，便不想继续在军队混。他趁着一次敌我混战的机会佯装身亡逃了出来。他来到离家十几里地外的一个小镇，重操旧业。这一回，他的生意可是红火得不得了，因为他出逃时偷偷带走了几十颗定心丸。这种定心丸非常好使，对于伤风、惊痫、呕吐、腹痛之类病症无一不见奇效，李庭超很快就出名了，还挣上了不少钱。他天天酒足饭饱，好不快活。不仅如此，他还得到望春楼若桃姑娘的青睐。这位若桃姑娘人如其名，长得艳若桃李，温柔蚀骨，是望春楼的头牌，自从李庭超医好了她的无名肿毒后，便开始对他展露爱意。李庭超早就倾慕若桃，一来二去，两人很快如胶似漆。

这天夜里，李庭超正搂着若桃说着情话，突然，几个黑衣人凶神恶煞地闯了进来，二话不说，用个麻袋套住他，扛起来就走。任凭李庭超如何挣扎，也无济于事。也不知过了多久，当李庭超被放出来时，他发现自己置身军营之中，当即吃了一惊！再定睛一看，更是冷汗直流，从房中几个人的打扮看得出，原来是倭寇的军营！

只见为首的一个细眼长脸头领模样的人慢吞吞地说开话了："听说，你有定心丸卖？那你留下来，多做一些给我军将士服用！"李庭超颤巍巍地说："报告将军，小的不懂什么定心丸，只是在江湖上混口饭吃啊。"那人冷笑起来："你的底细我们早查过了，你那狗皮膏药能治啥病？我们最近老打败仗，听说是因为明朝军队服用了特制的定心丸。你速速老实招来！"李庭超惊恐道："我真的不懂什么定心丸。"那人一听怒了，甩手给了他一个耳光，斥道："再给老子装蒜的话，我只要动个小指头，你的小命就完了！"两旁士兵立刻凶狠地拔出了佩剑。李庭超急得眼泪都快掉下来了，说道："我全招，如有半句假话，任杀任剐，绝无怨言。我不懂定心丸的配方，只是偷偷带了几十颗丸子出来，但都卖了换钱。本来刚才还剩最后一颗，我一害怕，在麻袋里自个儿吃掉了……”

头领盯着李庭超，仿佛在确定他是否说谎，沉吟半晌，阴阴地笑了起来：“好吧，我给你一个月时间去弄定心丸的配方。如果你能弄来，我奖你五千两银子。倘若弄不来，哼哼，你是死路一条！我知道，你和若桃有一腿，如果你喜欢她，想结秦晋之好，不想她出事，就给我老实点……”李庭超本想跑了不回来了，一想若桃，心微微痛了一下。头领示意左右放开李庭超，还给了他五十两银子当路费。

李庭超忐忑地回到住处，他现在别无选择了。如果能领到五千两银子，他就可以为若桃赎身，还能置点薄地，做点买卖，否则……他不敢多想，连夜上路了。

三

两天后，当李庭超拿着一大块猪肉出现在孙舜大夫面前时，可把孙舜高兴坏了。李庭超知道孙舜酷爱吃猪肉，便从一偏僻村落寻得一野猪，宰杀后挑了块上等好肉送了过来。两人炖了一锅红烧肉，满屋飘香，美美地吃了起来。当孙舜得知李庭超死里逃生在外流浪时，当即说道：“我正缺个助手，你过来帮我吧。”李庭超心中一喜，当即叩头行拜师礼。

明军和倭军时有交锋，伤兵众多，师徒二人每天都忙得不可开交。孙舜见李庭超脑子灵光，一点就通，慢慢将买药、研磨等事交与他办，但配药和制丸仍坚持自己单独来做。眼见日子一天天过去，李庭超心急如焚。这天中午天气闷热，知了在树上声嘶力竭地鸣叫，孙舜刚从密室出来，忽然两眼翻白，昏倒在地。李庭超急忙上前，发现他是热毒攻心，中风昏迷，一时不知如何是好。情急之下,他从贴身衣服里掏出一张狗皮膏药贴到孙舜的额头。过了半个时辰,孙舜居然悠悠醒了过来。他摸摸额头,再看见李庭超关切的眼神,轻笑起来:“想不到你的狗皮膏药还救了我一命。”李庭超委屈地说:“这不是普通的膏药,是用我祖父传下的麝香特制而成,留作自己保命之用……”

孙舜一听,大为动容,从此对李庭超另眼相看,定心丸配制的全过程不再避讳他。李庭超欣喜若狂,没几日,便掌握了定心丸的药理和药性。原来,这种定心丸与平时药书上所记载的定心丸配方大相径庭,由木香、硼砂、焰硝、甘草、沉香、雄黄、辰砂各等份,母丁洋减半而配制。其中的木香可解痉、抗菌;硼砂可解毒、防腐;焰硝可解毒消肿;沉香可治呕吐呃逆,胸腹胀痛;甘草可镇痛,抗惊烦;雄黄可治破伤风、惊痫;辰砂可治癫狂、惊悸、肿毒、疮疡。这几味药合炼为丸,其功效可想而知。大概由于服用者主要是打仗的将士,所以药力和药效都要猛。李庭超对孙舜佩服不已,难怪定心丸会成为军中的必备之药,这种良药无疑对帮助前线将士恢复身体和振奋精神起了关键性的作用。

李庭超心想,离倭军头领约定的一个月期限临近了,得抓紧时间回去。一想到回去,他的脑海里马上浮现出若桃柔媚的容貌,不禁心荡神摇。他便谎称姑母病危,表兄捎信叫他回去探望。孙舜自是答应,他也恰好要出营采水,便一同出门。两人一路聊天,谈笑甚欢。孙舜说:“想不到我们能成为师徒,想当年,我横刀跃马时,压根不会正眼看路边小贩一眼。哈哈!”李庭超吃了一惊,也不恼,笑道:“莫非你以前也是将士?”孙舜仰天长叹:“天意弄人啊。我半生戎马,只因年轻气盛得罪了将领,被贬为杂役。我自小喜爱研究中药,便抽空自行配制了定心丸。虽然我不能直接杀敌卫国,但也算为杀敌出了份力吧。”李庭超甚为不解,问道:“你不恨明军吗?他们如此待你……”孙舜平静地说:“开始有点吧,后来,就不恨了。身为大明子民,能效力就好,哪能斤斤计较呢。”李庭超沉默不语。

四

子夜，李庭超兴冲冲地来到望春楼，想着与相思已久的若桃相见。若桃的房间还亮着灯，窗纸上影影绰绰有两个人影。李庭超心一沉，靠近窗口，里面传来男女的说笑声。女的说：“将军，你打了胜仗就娶了我吧。嘻嘻。”男的说：“等我弄到了定心丸，战无不胜时，保证你有享受不尽的荣华富贵。”李庭超顿时血脉偾张，男的竟然是倭军的那个头领。若桃为了贪图富贵，转眼投入他人怀抱，全然忘记了和自己的海誓山盟。自己绞尽脑汁谋得定心丸的配方，等来的却是这个结果……他按捺住怒火，想过会就破窗而入杀掉这对狗男女。

又听女的说：“将军能文能武，亦正亦邪，真乃人中龙凤啊。”男的得意地开怀大笑：“你这小嘴甜得抹了蜜，难怪人见人爱，让男人着迷。若不是皇帝老儿派兵围剿我汪迟的走私生意，我才懒得假扮倭人与他们周旋呢，搞得我还雇佣了一批真倭人混在军队里，我本意只是赚钱……”

李庭超仿佛置身冰窖，浑身上下感到彻骨的寒冷。这个叫汪迟的倭军头领居然是汉人！这个天大的秘密怕是大明皇帝都蒙在鼓里吧。

第二天，李庭超一早来到倭军的驻营，告诉汪迟自己知道了定心丸的配方，要求领赏。汪迟眼珠子一转，干咳两声，说：“不急，不急。先做好丸子，士兵服用后有效果的话，马上给银子。”李庭超点点头，立刻开始埋头制作定心丸。没几天，几百颗定心丸就制好了。汪迟让伤兵们试吃，果然，伤兵们服用后，恢复迅速，而且勇猛异常。汪迟大喜过望，如约奖励李庭超银两，皆大欢喜。

五

星稀月明的秋夜，李庭超风尘仆仆地回到了明军的营房，一脸疲倦。孙舜淡定自若地摆好茶具，邀请他喝茶。李庭超羞愧地说："师傅，对不起！我差点干了糊涂事。"孙舜微笑道："哪里啊，你干了件大事，比师傅强多了。"李庭超惊讶道："你这么快知道了？太料事如神了！"孙舜朗声笑起来："你这个鬼头，在定心丸的配方中多加了巴戟天和淫羊藿等致人兴奋的药物，伤兵当时自然表现勇猛，但半月后便会神智错乱，发生癫狂症状，导致自相残杀。你这不也是在杀敌卫国么？"李庭超点点头："是的，我浪荡半生，总算做对了一件事。"两人惺惺相惜，言谈甚欢。

李庭超怯怯地问："师傅，如果我鬼迷心窍，真的为倭军制定心丸，你会不会遗憾终生？"孙舜淡淡地说："肯定不会。因为你根本做不成定心丸！"李庭超睁大了眼睛。孙舜接着说："你虽然知道了配方，但是你忽略了最重要的一样东西，那就是和药粉的水！我经常外出采水，你们都以为我采水是用来泡茶。其实，我采水是用来制定心丸！离驻地八里的艾果山的泉水非常特别，含有一种罕见的融合物质，能将定心丸里面各种中药的药性全部发挥出来，而普通的水则适得其反，只能治愈伤口，却无法安定神志，反而容易躁狂。你误打误撞，还及时逃离敌营，真是万幸啊。"

李庭超呆若木鸡，幸亏自己及时回头，不然，惹来杀身之祸，悔之晚矣。

从此，世上少了个卖狗皮膏药的混混，多了个出色的军中大夫。

千年盐宝

一、千年盐晶

清朝咸丰年间，四川自贡地区盛产井盐，很多盐商通过经营盐业富甲一方。这天，盐商王远熙老父七十大寿，在家设宴款待亲朋好友。快开席时，厨房忽然飘出一股奇特的肉香。这香味似酒非酒，似花非花，香浓醇厚，令人迷醉，有的宾客口水都流了出来。翘首企盼中，各式菜肴汤品陆续呈了上来。原来，香味正是从汤中散发出来的。虽然是道普通的排骨汤，汤色却白而不腻，入口甘甜，鲜香持久，回味悠长。宾客们虽尝遍山珍海味，无一不对这道汤赞不绝口。

在大家的追问中，有几分醉意的王远熙涨红着脸，得意洋洋地说："汤是寻常汤，不同的是用了千年盐晶涮了一下锅而已！"众人大吃一惊，这千年盐晶是什么？王远熙兴致很高，开始讲述由来。话说一个月前，王家在淘一口荒废的老井时，居然淘出了一块通体晶亮且有异香的物什。王家几代凿井煮盐，却无人认识这物什。碰巧有位云游的僧人化缘经过，一见此物，惊呼"宝贝"。僧人告诉他们，这是沉淀千年而形成的盐晶。由于吸收了土地的营养精华，盐晶已经不仅仅是盐了，它还具备滋养的功能。僧人教他们煮汤时放进锅中涮一下，不用再放盐，美味就不可言传。因为害怕盐晶越用越少，王家非重大喜事绝不舍得取出使用。按照僧人的吩咐，平时就用盐裹着，任其生长。

众人啧啧称奇，王远熙这时酒醒了大半，有点慌乱地说："这盐晶是我王家的镇宅之宝，今天我话多了，还请大家不可妄加议论，保守秘密。"

二、不速之客

几个月后，正是炎炎盛夏，王远熙安排好管家给干活的盐工们补给消暑凉茶，回到家中，尚未坐稳，门外蓦地传来嘈杂声，转瞬，一群衙役如狼似虎地挤了进来。正在吃惊，只见知县陪着一身着便服的男人傲慢地踱了进来。

王远熙赶紧上前作揖让座，并问知县所为何事。这知县平时也拿了王远熙不少银子，关系不错，悄悄地耳语道："这位是京城盐务司的李照大人，听说你家有块千年盐晶，想来欣赏一下。你是聪明人，自己看着办吧。"王远熙又惊又恐，万般无奈地取出了盐晶，恭恭敬敬地递了过去。李照顿时两眼放光，爱不释手地摩挲着盐晶光滑润泽的表面，还不时用鼻子嗅嗅那异香，陶醉不已。大约过了半个时辰，知县意味深长地向王远熙使了个眼色。王远熙是何等聪明之人，低头片刻，似乎很是不舍。又过了好一会，他才抬起头，强作欢笑，谦卑地说："这位官爷，难得您喜欢，这盐晶就当作王家的见面礼吧。今后王家若遇着什么事，还请官爷多多帮忙。"李照哈哈大笑，面露喜色道："没问题。你这么识大体，今后的好处少不了你！还有，此物贵重，返京路上不知安不安全？"王远熙当下会意，说道："官爷放心，在下近日有盐船出川，可以一路护送。"李照大悦，小心翼翼地将盐晶揣入怀中，扬长而去。

一行人走后，王家上下一个劲地埋怨他不该酒后炫耀，招小人惦念，试问这世上哪有不透风的墙？还有，用自己的盐船相送太没骨气了。王远熙一声不吭，一副主意已定的架势。王家虽然家大业大，却人丁不旺，三代单传，王远熙也只有一个儿子，去年和他口角几句后竟然离家出走，至今杳无音信，现在家里出了事连个商量的人都没有了。

三、放滩惊魂

王远熙择了个良辰吉日，盛宴款待李照后，盐船就浩浩荡荡地出发了。经过釜溪河最大的码头沿滩时，船忽然停了下来。李照感到奇怪，忙派人问船工缘由。原来，沿滩是盐船出自贡的必经之地，同时也是上游转向下游的拐点，向来繁华热闹，又名“升平场”。这里岩石林立，水流湍急，盐船只有通过放滩才能驶向下游。放滩时总有众人围观，人声鼎沸。

只见船工们卸下了约两成的货物，然后每十人一组，在船头、船身、船尾各自拴上一条大粗绳，开始牵引。在领头船工的指挥下，大家一起喊着“嗨哟”的号子，稳稳地把船移向下游。李照一边观赏着自贡独特的放滩奇观，一边上下端详着桌上的千年盐晶。等盐晶运达京城，他将立刻献给皇帝身边的大太监，让御厨熬汤给皇帝吃。李照老早有亲信通报说皇帝最近胃口不好，如果盐晶能让皇帝龙颜大悦，那他升官指日可待了。他本是个小盐商，靠着点机灵劲被朝廷赏了花翎，接着混进了盐务司，飞黄腾达的好日子还在后头呢。想到这，李照情不自禁地哈哈大笑起来。

船舱传来轻轻的脚步声，一个膀大腰圆的黑脸船工突然掀起帘子走了进来。左右侍从都到船外看放滩去了，这船工未经通报就闯了进来，李照大吃一惊，厉声喝道：“你这下人，进来干什么！赶紧滚出去！”说时迟，那时快，黑脸船工以迅雷不及掩耳之势猛地用力推开李照，用布包裹好盐晶，飞一般地跑了出去，整个过程不到一分钟！等李照回过神来，大呼：“抓强盗……抓强盗……”，此时哪里还有那人的人影！

盐晶居然在眼皮底下丢了。恼羞成怒的李照找到知县，一定要讨个说法。他威胁说，如果不找出此人，他就将知县历年来私扣盐税、贪污受贿的事禀告朝廷。另外，李照也认为王远熙也脱不了干系，不然怎么会有旁人知道他带着盐晶呢？知县不敢怠慢，号令全城重金悬赏抓捕黑脸船工，同时严密监视王远熙。很快，有人举报说认得该船工，此人家住釜溪河下游联安村柳树坡，家中有一八旬老母。这下李照心中有了谱，指示知县把那老妇人抓来，让黑脸船工拿盐晶来换人。

四、玉石俱焚

果不其然，黑脸船工很快飞鸽传信，说只要放了他的老母亲，他就亲自将盐晶交还给李照。为了保证自己的人身安全，他要求在沿滩的最下游交换。那里涛高水急，只消还了盐晶，他便可以一叶轻舟万重山全身而退。所有条件李照都答应了，时间就定在三天后的正午时分。

炎夏的中午，阳光毒辣地照在釜溪河上，河水泛着粼粼金光。李照的官船已等候多时，船上很多衙役暗藏兵器，只要黑脸船工一露面，就一拥而上，抢下盐晶，乱刀将其砍死。大约过了一炷香的功夫，李照等得有些不耐烦了，正在此时，只听得一声清脆的哨子声响，一叶快船箭般地驶了过来，船沿上站着的人正是黑脸船工！他取出一件晶亮的物体，朝着李照他们晃了晃。李照认得是他把玩多时的盐晶，便命人放了老妇人。可怜老妇人一把鼻涕一把泪，蹒跚地上了岸。黑脸船工面容悲戚，将小船又靠近了些。这会，那物体的晶面在太阳的照耀下反射出强烈的炫光，船工像变魔术似的不停转动那盐晶，那光芒直朝着船上的李照等人照去。李照感到两眼一阵灼热，视线模糊起来，其他人也相继捂着眼睛大声嚷嚷。这时，黑脸船工冷笑一声,用船桨一撑,跃到官船上,像老鹰拎小鸡般抓住李照又跳回到自己的小船上。再用力一撑桨,小船顺流而下,一下子离了官船几丈有余。

衙役们缓过神来,恶虎般向小船追去。到了江心,两船越来越近,有几个胆大的衙役准备跳上小船,拿下船工。这时,只见黑脸船工又掏出那盐晶,上面还绑着个正冒着烟的纸包。李照惨叫一声:“妈呀,火药!”

“轰”的一声巨响,小船四分五裂,人和船都不复存在了,河面上漂着斑斑血迹。

很快,人们打捞到李照血肉模糊的尸体,但却始终找不着黑脸船工。有人说,或许被水冲到了下游的漩涡里。

既然船毁人亡,知县也找不出王远熙参与的证据,此事就不了了之了。后来,有人发现黑脸船工原来是农民起义军中的小头目,是起义军被剿灭后的余党分子,当然,这就是后话了。

“封禅”路上的“封口费”

一、宰相不低头

宋真宗景德元年，一天，早朝的时间快到了，可宰相王旦依然步履沉重地在府中踱来踱去，并不住地摇头叹息。王夫人见状，奉上一杯热茶，关切地问道：“老爷一向处事泰然，为何今日眉头紧锁?”王旦抿了口茶，望了夫人一眼，低声说：“你有所不知，今天上朝要议‘封禅’一事，我不知应该如何表态。”

王夫人恍然大悟，这段时间王旦一直在为这件事情烦恼。前几日副宰相王钦若还专程来家中游说了几个时辰，就是要让王旦全力支持“封禅”。所谓“封禅”，是指古代帝王在太平盛世或天降祥瑞时举办的祭祀天地的大型典礼，用以报天地之功。然而这项活动要求全民参与，不仅历时长，而且耗资大，颇为劳民伤财。常被人嘲讽为帝王用来夸耀政绩，自吹自擂的虚荣之举。王旦是何等聪明之人，心若明镜，但皇上似乎心意已决，加上王钦若等一干大臣推波助澜，如果贸然反对，恐怕……

想到这里，王夫人面露忧色，带着哭腔说：“要不老爷就随大流吧。难道你不知胳膊拗不过大腿的道理?”王旦大怒道:“真是妇人之见!我乃当朝宰相,肩负辅佐天子的重任,岂能与庸人一般见识?”语罢,拂袖出门。

果不其然,金銮殿上,当王钦若滔滔不绝地论证“封禅”的深远意义时,文武百官应声附和者居多。偶有反对者,才说几句就立刻被王钦若厉声喝止,黯然噤声。宋真宗龙颜大悦,朝王旦望去,问道:“王爱卿,朕最想听听你的意见。”王旦低头沉吟半晌,重重地咳了几下,轻声答道:“臣以为不妥。今年南方水灾,虽不能说民不聊生,一年的收成没有了,也是个大问题。臣恳请万岁体恤民情……”宋真宗脸一沉,狠狠地瞪了他一眼,没多久就宣布退朝。王旦刚迈出殿外,王钦若便在他耳边嘀咕:“王兄也太冥顽不化了,就算你把我的话当耳边风,圣上的意思你也敢违逆?”王旦拱了拱手,说:“多谢提醒,你也好自为之吧。”王钦若呆了呆,没想到王旦长了这么副硬骨头。

回到家,王旦茶饭不思,看望过八旬老母后,独自一人在院子里散步。老母亲近来染上眼疾,换了几个大夫都不见好,身为孝子的王旦更是殷勤备至,每日悉心照料。宰相府邸非常简陋,有几处围墙长满了青苔和野草,这还是他祖上的房子。王旦从不购置田宅,宋真宗几次要替他装修都被他婉拒了。虽然皇上平素对他委实不错,但这次“封禅”关系天下,他实在无法说服自己……

天色渐暗,忽然有下人来报,说皇上的贴身太监张公公到了。张公公说皇上体恤王旦操劳国事,专门设宴请王旦进宫小叙。王旦脸色大变,让他稍等,说回房换身衣服就走。

王旦一见夫人,神色凝重地说:“我这一去恐怕凶多吉少,今后还望夫人照顾好家中老小……”王夫人惊恐万分,问道:“皇上要杀你不成?”王旦苦笑道:“伴君如伴虎,早朝时我逆了皇上意思,他瞪了我一眼,现在请我入宫,你不觉得异常吗?如果我猜得没错,酒宴是假,要我命是真。”王夫人顿时泪流满面。王旦悲从中来,长叹道:“唉,想我一生廉洁奉公,妻儿家眷跟着我从未享受过荣华富贵,倘我真遇不测,你们还是收拾东西回老家吧。我怕以前得罪过的人加害你们。”夫妻含泪告别。

二、意外连发生

王旦心事重重地跟着张公公走了,一路上忐忑不安,不知不觉到了皇宫。张公公领着他穿过御花园,曲径迂回,竟然来到了皇上的书房!

王旦的心一下子抽紧了,皇上从没在书房宴请过宾客啊,今天太不寻常了。

他小心翼翼地迈步向前,却见皇上身着便服,正笑呵呵地坐在里面呢。皇上见他进来,亲热地挽着他坐下,给他满满地斟了杯酒,亲切地说:“王爱卿终日为国事操劳,忠心耿耿,实乃国之栋梁,我大宋的福气啊。”听见皇上如许体己的话,王旦满腹哀怨顷刻间散去,哽咽着说:“为了大宋,为了皇上的大业,我肝脑涂地,死而无憾!”君臣二人开怀畅饮,事无巨细,上至边境安全,官场习气,下至兴趣爱好,家庭琐事,逐一交流。王旦感觉皇上是如此开明和仁慈,对自己毫无避讳,心里暖洋洋的,如沐春风,本来酒量就不错,不觉中更是多喝了几杯。

酒意正酣时,皇上忽然说:“你以为我不知晓‘封禅’会消耗人力物力?但是,辽国虽然和我们签订了澶渊之盟,边境暂时安定了,但依然对我们虎视眈眈,随时可能撕毁盟约,大举进攻。我主张‘封禅’,其实是想彰显国力,起到威慑外敌的作用。何况,现在国泰民安,这些钱财根本无损国家的根基……”

王旦暗暗吃惊,没想到皇上居然能说出如此一番冠冕堂皇的话。看来,皇上“封禅”势在必行,无论别人如何反对都无济于事了。

皇上接着又说:“王钦若对此事非常积极,想独揽操办,但我还是最信任爱卿,你办事稳妥,为人贤良,一定能办得漂漂亮亮,让朕放心,是不是?”王旦又是一惊:莫非王钦若想借“封禅”一事排挤自己?皇上话中有话,在暗示自己啊。迎着皇上殷切的目光,王旦不知道自己是不是要改变主意。

皇上非常高兴,虽然王旦没有当时表态支持“封禅”,但只要他不反对,问题就会迎刃而解。两人彼此心照不宣,一直喝到子夜时分才作罢。临别时,皇上相约君臣改日再聚。

再说王夫人,正独自一人枯坐着抹眼泪,却见王旦哼着小曲儿走进屋。见他平安归来,王夫人自是喜不自胜,忙搀扶着坐下。王旦醉醺醺地说:“夫人,没想到皇上待我如知己,不仅没有怪罪于我,反而非常体谅我。真是明君啊,难得,难得!”王夫人也跟着展露欢颜。

谈笑间,管家吆喝着下人抬了一樽酒进来,上面贴着皇家的御字漆号。王旦指着酒桶,捋了捋胡须,说:“这是皇上赏赐给我,让家人一同享用的。夫人,今天让你替我平白担惊受怕了一场,你也喝点酒压压惊吧。”王夫人高兴地去找酒杯,王旦则撕开封条倒酒。等王夫人返回屋子,却见王旦呆若木鸡,愣愣地盯着酒樽。她探头一看,也傻住了。桶里哪里是酒,是满满一樽的金银珠宝:罕见的大珍珠、碧绿的翡翠、血红的玛瑙……五光十色,在夜色中闪着耀眼的光芒。

三、三思后转身

王旦的酒顿时醒了大半,两人面面相觑。虽然皇上以前也经常赏赐点美食和白银给大臣,但如此大手笔的赏赐却是前所未闻。王旦让夫人把酒樽藏好,心里却是翻江倒海。他记得刚才喝酒时,皇上曾说过他宅子太旧,该换处新宅了,没想到这么快钱就替他准备好了。

反复斟酌了好几宿,虽然龙恩浩荡,王旦还是觉得珠宝不能要,便决定将珠宝还回去。王旦刚叫王夫人取出酒樽，王夫人突然身子一震，颤声说道："老爷，珍珠没了！"王旦眉毛一挑，声音提了起来："为什么？你去换了银子？"王夫人眼泛泪光，答道："我哪有这么大的胆子。是母亲的眼疾总不见好，有位老中医说只有用深海珍珠当药引，才有治愈的希望。那天我无意中和母亲聊起酒樽里的珠宝，她听说里面有珍珠便命我取了出来，现在医生已经将它磨成粉了……"王旦问："哪个医生说的？"夫人说："就是你父亲的好友，皇上身边的李御医。"

王旦眼前一黑，差点昏过去。好半天，他长叹一声："也罢，也罢。一切都是天意。"

正在这时，管家来报，说御史大人孙思贤求见。王旦叹了口气，说了声："请进来。"之后他就坐在太师椅上，用手掌摩挲了几下脸，尽量显得没什么心事。孙思贤是他的好友，两人没事经常在一起喝茶聊天，这次"封禅"，孙思贤也是站在王旦这边，不支持这件劳民伤财的事。王旦想，孙思贤一定是知道皇上请自己喝酒了，怕有变化，过来看看的。

果然，孙思贤一进屋，刚一落座，就急切地问道："听说相爷前几天去见万岁爷了，不知有何变故？"王旦不自然地笑了笑，说："也没什么，皇上那天有空，让我过去说说话，吃了一顿便饭。"孙思贤好像没有听到这些话，自顾自地说："相爷知道我今天过来有什么事吗？"见王旦皱起了眉头，孙思贤又说，"昨天，王钦若找我了。说了一大堆'封禅'利国利民的话。听那意思，他已经串通了大部分官员，就是我们几个不同意，'封禅'之事也不会取消。"王旦站起来，走到门口，看着外面风吹落叶在院子里打旋，头也不回地说："那贤弟你的意思是？"孙思贤上前一步，附耳道："我想，王钦若这么赞成'封禅'之事，好像并不是忠于皇上这么简单。相爷您想，这次讨论'封禅'，你是反对派；而这件事，皇上是一定要办的。如果真是这样，支持派的王钦若，不就因此得到皇上的恩宠？说不定，他有取而代之的企图啊！"

孙思贤的这番话，让王旦打了个激灵。说自己不在乎这个位子是假的，再说，依王钦若的秉性，他若当上宰相，没有了自己这个绊脚石，更会胆大妄为，还不知会做出什么祸国殃民的事来。想到这里，王旦转身对孙思贤说：“我知道了。容我思考一下。”孙思贤随后告退。

次日，宋真宗上朝时再提“封禅”时，支持声一片。王旦抬头，见皇上正目光灼灼地望着他。再看王钦若，正洋洋得意地和几个大臣窃窃私语。王旦顿了顿足，强忍着泪，缓缓地说：“臣恳请皇上到泰山举行‘封禅’大典！”宋真宗心领神会，点头微笑。旁边王钦若等一干臣子则瞠目结舌，半天没有反应过来。

大中祥符元年十月，王旦亲任“封禅大礼使”，陪同宋真宗到泰山举行了声势浩大的“封禅”大典，举国庆祝，万人空巷。至于那樽珠宝，王旦变换银两后并没有去购买新宅，而是在一旱灾之年，全部捐了出去。这笔“封口费”的用处也是宋真宗始料未及的。

天禧元年九月，王旦病逝。临终前召集子弟，悲伤地说：“我这辈子最大的错事就是不谏‘封禅’之过。死后，可为我削发，披穿缁衣，依照僧道例殓葬，以示惩戒。”说完便瞑目而逝。

流泪的砚石

一

知府陈墨品味不凡,字画奇石无一不精。这天,他在城郊外的奇石市场意外获得了一块端砚。端砚作为文房四宝之首,历来十分珍贵,所以,当他第一眼见到那块紫色砚石,就怦然心动。那石头通体深紫,石质细腻润泽,最难得的是上方还有一只明媚生辉的石眼!他用手指轻按砚石,随即,石面上便出现了水雾状的指痕。果然是难得一见的珍品,陈墨大喜过望,以三两碎银买了过来。

这天,他处理完一个案子,缓缓踱回住所。走着走着,忽然见到那名卖砚石的村姑从远处急急向他奔来。他大吃了一惊,莫非她觉察出砚石是宝物不成?只见那村姑转眼来到面前,怯怯地问:“还我砚石,好吗?”一边说一边塞给他三两银子。陈墨什么世面没见过,镇定地说:“砚石我早送人了,岂能要回?凡事都得讲诚信二字。”村姑听罢,含泪说:“自从卖了砚石,我妹妹仿佛丢了魂般,今天更是头痛欲裂,所以才来寻你……”陈墨朗声笑道:“劝令妹休要胡思乱想便是。”说罢,昂头离去。村姑叹了口气,只好作罢。

陈墨在家中一边品茶,一边打量砚石。那石眼黑睛朗朗,碧晕重重,在月光下熠熠生辉,生动无比。陈墨烦恼尽去,心往神驰。忽然,他发现石眼上不知何时笼罩了一层薄薄的水帘,他好奇地伸手去抹,岂料越抹越多,到后来,水珠大颗大颗地从石眼里淌下来,如断线珍珠。砚石流泪了!

但见石眼泪光闪闪,仿佛某种鸟类的眼睛一般,楚楚动人,欲语还休。陈墨的心突然被什么撞击了一下,痛得无以复加。他倒吸口气,再看砚石,惊呆了。砚石上模糊出现了一幅画卷,逐渐清晰,他竟然看到了年轻时的自己……

二

他正对着一具尸体哭泣。

死者是他的父亲,端州的一名老砚工,在挖砚石时,因坑道坍塌而亡。陈墨伤心欲绝地埋葬了父亲。

入夜,一只八哥飞到他的窗前,娇声道:"保重!保重!"陈墨方记起这是他与宁巧儿小姐的秘密信使。一年前,陈墨代父亲送端砚到知州府,与知州美丽的女儿宁巧儿邂逅,一见钟情。宁巧儿饲养了一只擅学人语的八哥,平时就通过八哥偷偷互诉衷肠。两人海誓山盟,约定等陈墨考取功名,便立刻向知州提亲。

陈墨理理八哥的羽毛,柔声道:"叫巧儿放心,我没事。"八哥颇有灵性,圆圆的眼睛望了他好一会儿,才扑棱着翅膀飞走了。陈墨剪了剪油灯芯,开始读书。后来,大概困了,他趴在书桌上打瞌睡,朦胧中,他的老父亲悲愤地朝着他嚷嚷着什么……

三

他正疑惑间，砚石上的情景突然消失了。

那是多么久远的事了？陈墨想起来，他曾大病一场，病愈后忘记了很多人、很多事，只身一人赴任为官。再看砚石，水迹已干，只有那石眼依然传神。陈墨惊讶地发现这就是那只传情八哥的眼睛！他激动地亲亲它，仿佛希望它能活过来。可石眼一动不动，神情漠然。

陈墨苦恼不已，他觉得死去的老父亲似有莫大的冤屈，还有宁巧儿后来怎样了，他都记不起来。他依稀记得宁巧儿最喜欢穿一袭粉底紫碎花裙衫。一连数晚，陈墨都盯着砚石不放，希望它能再次揭开回忆的画卷。可惜，砚石再也没有流过眼泪，和普通的石头无异。陈墨一筹莫展。

他去找那村姑了解砚石的由来。村姑说是有人在西江打鱼时捞的，她顺手拿回家里给弟弟妹妹研墨写字，他们喜欢的不得了。日前急需钱用，才忍痛割爱。陈墨见问不出什么，怏怏而返。

适逢数月干旱，庄稼颗粒无收，陈墨忙着向朝廷申领救灾款，搞得焦头烂额。对于砚石他也顾不上研究了。这天，他刚步出衙门，那村姑居然早已在门前等候。村姑哭丧着脸说："我妹妹今天疯疯癫癫，不吃不喝，一直说要那块砚石，大夫也无可奈何。你能否想办法将那石头还给我们？"陈墨愣了愣，觉着古怪，只好敷衍道："我试试能否要回，你们等等吧。"村姑感恩戴德地走了。

陈墨回到家，打发了家丁，又迈进书房，砚石就放在书架上。没走几步，脚底一滑，他重重地摔在了地面。地上原来积了一大摊水。陈墨自认倒霉，顺着那摊水抬头，冷不丁望见那块紫砚石正滴滴答答淌着水呢。只见八哥的眼睛充满了浓浓的哀伤，眼泪潮水般涌出来，流得满地都是。

陈墨的心又莫名地痛了起来，耳畔似乎又听到了八哥悦耳的鸣叫，砚石上果真又开始展现他的身影。

四

陈墨喜滋滋地坐在返乡的高头大马上，他考取了宋康定年间的进士。

他第一件事就是回去迎娶宁巧儿。待他准备好聘礼，派人前往求亲时，宁巧儿一家已不知所踪。一打听，原来，端州历任的知州为求加官晋职，便用端砚贿赂京城高官，个个横征暴敛，残酷压榨砚工。包青天在端州任职时，严惩了一批贪官污吏，宁巧儿的父亲因无血案在身才侥幸免于一死，后来他便疏通关系悄悄地走了。据说，宁巧儿也许配给了一富家公子。

陈墨的心霎时沉到谷底，他收拾行装，准备远离伤心地。一天，那只八哥突然飞来，眼神黯淡，不停地叫唤："西江边……"西江边的那棵老柳树是两人以前经常约会的地方。

陈墨不顾一切地奔到西江边，只见魂牵梦萦的宁巧儿一身粉底紫碎花衣衫，裙裾飘飘，正俏立在柳树下。

陈墨动情地握着宁巧儿的小手，说："我有功名了，嫁给我吧。"

宁巧儿忧伤地摇摇头："我一辈子最大的愿望就是做你的妻子，但天意弄人，我无颜面嫁给你了。"

陈墨痛苦地说："你父亲的事与你无关，我们既然真心相爱，就不要害怕流言蜚语。"

宁巧儿凝视他良久，怔怔地掉下泪来："知道吗？你父亲是因我父亲而死的。他为了给宰相贺寿，命令你父亲到西江底的长坑道挖采上好砚石。江底的坑道土质松软，极易坍塌，别人都不愿去，你父亲是被官兵拿着棍棒逼着去的。出事后，所有人都对这事三缄其口。现在，我父亲为了东山再起，还把我许配给一大财主。我恨透了他！但为人子女，又能如何？”

陈墨如五雷轰顶，他不知老父亲死得如此冤屈和可怜。

宁巧儿抹干眼泪，深情地说：“墨郎，你答应我，今后为官一定要记住清廉二字，绝对不能做害人害己的事，好不好？”

陈墨郑重地点了点头。

宁巧儿忽地吻了一下他，说：“我心非你莫属，只有来生相报了。对不起，墨郎！”音未落，纵身一跃，堕入西江，香消玉殒。

陈墨正沉浸在亡父的悲痛中，猝不及防宁巧儿有如此刚烈之举，不禁痛哭失声。那只八哥轻轻飞到他手心，目不转睛地望着他，似有千言万语，他刚想摸摸它的羽毛，它蓦地凌空飞起，一头栽入西江，随主人去了。

陈墨仰天一声长叹，痛彻心扉，昏厥在地。

五

陈墨呆立出神。一切如常，砚石早已停止了流泪。

他终于忆起了全部的往事。苦思良久，恍然大悟，终于知道了砚石两次流泪的秘密。

第一次，有个富商失手打死一小贩，送来一千银两，让他判无罪。还说死者家属已花钱收买，他睁只眼闭只眼，便可无事。最后他半推半就地收下了银子。

第二次，还是那个富商，趁乱囤积粮食，牟取暴利，被人揭发后，叫他乱棒打走告状之人，逃避惩罚。当然，那人以一幅名画予以回报。

现在，陈墨肠子都悔青了。

他以后再也不能让砚石流泪了。

六

陈墨向朝廷递交了辞呈，感到从未有过的轻松愉快。

他去了趟村姑家，打算将砚石物归原主。远远地看见农舍门口，有个窈窕的身影正在晃动。只见她一袭粉底紫碎花连衣裙，巧笑嫣然，手上提着个鸟笼，里面有只机灵的八哥……

悬壶济世“清明根”

每逢清明时节，居住在广东北部山区的人们除了扫墓祭祖外，还流传着一个非常奇特的风俗。大人们总是追着赶着家里的小孩子上山去挖一种草，草连根拔起后，洗干净，然后嚼根。根嫩嫩的，味道甘甜，小孩子们个个嚼得有滋有味，当地人亲切地把这种草唤作清明根。

相传，这里面还有段感人肺腑的故事呢。

古时，岭南地区梅山县一个偏僻的小山村里，刘婆婆和孙儿庆明以染布为生。15岁的庆明因为有些痴呆，经常被村里的顽童捉弄。

这天，庆明和奶奶到山上去采摘一种做染料的草。当他们背了一大捆草急匆匆下山时，在半山腰差点和一个蓬头垢面的中年男人迎面撞上。只见那人虽然满身沾满树叶，不修边幅，却脸色红润，步履轻盈。那人一抬头，望见庆明，突然惊呼起来：“哎呀呀，原来你在这里啊！”庆明傻傻地看着他，半晌才叫了句：“大哥哥……”刘婆婆赶紧用手护住庆明，不满地对那人说：“先生认错人了吧？我看你面生，不像咱村的人……”那人笑了笑说：“对不起，大娘。我叫姚望，在山里住呢。”说着指了指不远处。

果然，山边不知何时搭起了一座木房子，旁边还种满了稀奇古怪的花草。

“我知道你们婆孙生活困难，我想帮你们一下。”姚望说着，走进小木屋，拿着一块灰白的石头递给刘婆婆，“你回去把这石头磨成粉，加进染料里面，染出来的布颜色会更加鲜艳漂亮。”刘婆婆虽然半信半疑，但还是接过石头揣进怀里，拉着孙子就走。庆明几步一回头，眼神充满不舍。

你还别说，姚望给的石头还真管用。自从染料中加入了石粉，染出来的布蓝汪汪的，人见人爱，姑娘小伙都喜欢得不行，连外乡的人也赶来光顾，小染坊的生意一天天好起来了。为感谢姚望，刘婆婆经常拿些吃的用的上山，姚望每次都含笑收下。庆明对姚望特别亲昵，没事总是跟着他问这问那，姚望也不嫌麻烦，有问必答。

这天，庆明偷空又去找姚望玩，姚望说：“庆明，你的后脑勺是不是有个拳头大的疤？”庆明茫然地点点头，天真地问道：“你咋知道的？头发不是遮住了吗？我还以为只有婆婆知道呢。”姚望摆摆手，低声道：“因缘已至，时机未到。”庆明不知道他在说什么，自顾玩去了。

转眼到了春天，一连半月的阴雨天气后，村里有人开始莫名其妙地发烧、咳嗽，并很快蔓延开来。大夫们开的药无济于事，服用后反而更加严重，已经有人咯血而亡了。外面疯传这个村子染了瘟疫，纷纷避开他们。刘婆婆和庆明不幸也染了病，庆明还好点，只是发低烧，刘婆婆则咳得都不见了人形。庆明快急疯了，也不出去玩了，整天守着刘婆婆。直到有一天，姚望找上门来。

一见姚望，庆明径直扑到他怀里大哭起来，求他想办法救救村里人。姚望问明情况，不慌不忙地说：“庆明，你们两个到我那里住一段时间，我保证你俩没事。”庆明呆了半晌，蹦出一句：“那村子其他人呢？”姚望面无表情地说：“那不关我的事。”庆明的倔劲上来了，咬着牙说：“那不行，要死一起死，要活一块活，我不走！”

姚望沉吟道："办法也不是没有，除非……"

庆明焦急地问："除非什么？"

"除非你喝光染缸里的水！"

庆明一听，二话没说，"蹬蹬蹬"跑到染缸前，舀起水就喝。水里浸满了染料，墨蓝一片。刘婆婆沙哑着嗓子叫道："别喝染料啊，会死人的……"庆明倔劲上来了，哪里顾得上听刘婆婆的话。只见他如头水牛，一顿海喝。可他毕竟是个孩子，怎么能喝光一缸水？果然，庆明打了几个饱嗝，突然吐出一股水，两眼一闭，身体一挺倒在地上。刘婆婆见状，撕心裂肺地哭起来。姚望走过来，弯下身问道："庆明是不是你正月初八从山脚捡回来的？当时通体棕红，脸有胡须，后脑勺还有个拳头大的疤……"

刘婆婆止住哭声，惊恐地望着姚望。十五年前，孤苦的刘婆婆在山脚边看见一个长相怪异的婴儿在啼哭，估计是遭父母嫌恶遗弃的，心生恻隐，便抱了回来。这件事刘婆婆从未向外人吐露半句，如今姚望突然提起，难道庆明是他家里人，要带走不成？庆明可是刘婆婆的心头肉啊。

姚望见状，仰天大笑起来。霎时间彩霞缭绕，金光四射，一位菩萨端坐在祥云中，哪里还有姚望的影子。刘婆婆连忙跪地参拜。菩萨微笑着说："我是药王菩萨，以施药救人为天职。十五年前，我带了块千年首乌去给观音祝寿。行至梅山时，首乌不小心摔到岩石上，擦破了点皮，卖相不好，我就把它埋起来，想过几日长好再挖不迟。岂料，几日后，我却再也寻它不着，原来它已遁走，化为人形。"

刘婆婆听得目瞪口呆。

药王菩萨接着说："庆明人虽痴，但宅心仁厚，人品世间罕见。我非常喜欢他，本想把他带走，见他俗缘未了，就再等等。待他醒来，让他从医吧。"话音刚落，祥云、菩萨倏地不见了。再看地上，有几筒竹简，上面密密麻麻写着字。

刘婆婆急忙去看庆明，死劲拍打他的脸，好半天，他才悠悠醒来。似乎刚刚美美睡了一场大觉，庆明睁开眼睛，伸了个懒腰，一骨碌爬起来。醒来的庆明就像脱胎换骨般，丝毫没有傻劲。刘婆婆摸摸他的额头，烧竟然退了，不禁喜极而泣。庆明炯炯有神地说:“我明白了，咱们用来做染料的草可以治大家的病，我现在就去煮!”说罢，当即用那种草烧了一锅水，让刘婆婆服用。刘婆婆闭着眼睛连喝三碗，当晚已经不咳了，第二天天未明整个人已经痊愈了。

消息传开，村里人争相来讨水喝。庆明每天都去山上摘草，煮水，乐此不疲。喝了庆明煮的水，村民们的病很快全部都好了。那以后，大家都非常尊敬庆明。

从此，庆明整天埋头研究医书，才知道，那种能做染料的草名叫板蓝根，有清热、解毒、凉血、杀菌的作用。庆明听从药王菩萨的嘱咐，果真成为了一位远近闻名的良医。

又是一年春天，梅山地区爆发了一场罕见的鼠疫。庆明带着几名徒弟每天马不停蹄地为村民施诊，终于累病了，久卧不起。一天晚上，他叫徒弟们将他抬到山脚一僻静处，并赶走了所有的人。第二天，当人们放心不下去看望时，床和人都消失得无影无踪。天上下起了倾盆大雨，一连下了七天七夜，等到雨停时，人们发现，漫山遍野忽然长满了板蓝根，根茎还比平常的粗壮。大家都说，是药王菩萨带走了庆明。庆明本来就是首乌托世，首乌的灵魂在根部，是他让板蓝根的根变得粗壮起来，这是他留给人间最后的礼物啊。

从那以后，人们就有了嚼板蓝根的风俗。每当嚼着甘甜的板蓝根，人们就会想起庆明。后来，为了纪念这位德高望重的名医，人们把庆明走的那天定为一个节日，叫庆明节，板蓝根也叫庆明根。再后来，人们觉得板蓝根有清热解毒的疗效，就改为清明根，这个节日也就变成清明节，并延续至今。

藏起来的祠堂

一

北宋靖康年间的一天，江南回望县知县侯文雁，带着未婚妻兰儿和几个随从，正前往老家祭祖。按照当地风俗，要先拜过祖先，然后才能举办婚礼。良辰吉日早已择好，就差回老家祭祖这道程序了。

绕过重重山坳，眼看就到了熟悉的小村庄，近乡情怯，侯文雁不由一阵激动。忽然，他被眼前的景象惊呆了。只见昔日的村舍祠堂不翼而飞，取而代之的是一间间紧密排列的房子，墙墙相连，依山而立，巧妙地围成了一个圆形的磨盘状。侯文雁这才想起，去年江南一带曾遭遇百年一遇的洪水，他的家乡也未能幸免，他还因在抢险救灾中表现出色，受到朝廷褒奖呢。只是想不到灾后重建的房子居然被乡亲们设计成了这等模样！侯文雁心中暗暗称奇。

经过村头那棵百年大榕树时，有几个人正在闲聊。侯文雁正想打发下人去问问，谁知那几人看见他们却像看见鬼一样，顷刻散去。侯文雁不禁有点愠怒，想当年他进士及第，全村的人都围着他欢呼，他可是小村子几百年来第一个考上探花的人，无人不知，无人不晓啊。老仆王来见此情形，忙说："老爷，要不老身再去找找人？"侯文雁摆了摆手："算了，不与这些愚民一般见识。咱们直接去祠堂，等先祖们见过兰儿，就回程吧。"

一行人沿着村落慢慢寻找祠堂，找了一圈，发现全是民宅，哪有祠堂的影子？侯文雁这才着急，今天的事太蹊跷了，莫非祠堂建在民宅里面？而且，他们走了这么久，竟没遇见一个村民。他只好示意王来去拍门。王来赶紧大力拍打一户人家的大门，大声嚷道："探花郎回来了，快开门！"里面鸦雀无声。王来只好逐门逐户去拍，拍了一圈，还是无人应门。侯文雁是何等聪明的人，这下子恼火了。明摆着村里人是故意避而不见，专门和他作对。未婚妻在轿内询问了好几次，侯文雁只好顾左右而言他，支吾应对，心里又气又急，一筹莫展。

正在这时，一阵软软甜甜的童声传来——"月光光，秀才郎，骑白马，过莲塘……""瘦地种松柏，家贫子读书……"只见一个八九岁的小男孩拖着木屐，小脸红扑扑的还沾着几道泥污，边唱边向他们走来。他一只手拿着一大段麻竹，一只手拿着个簸箕，有好多小鱼小虾在里面正活蹦乱跳呢。侯文雁呆住了，瞬间双眼有点潮湿。这多像二十年前的自己啊。他自幼父母双亡，生活清苦，馋得厉害时，就把一截装上蚯蚓的麻竹，沉到水塘底，过几天再捞上来，里面的鱼、虾、蟹够吃好几天的。王来赶紧大声吆喝："小孩，过来一下！"岂料小男孩置若罔闻，在离他们几米外的地方推门就进了屋。侯文雁又是一呆，他也顾不上身份，紧跟着去拍门："我是侯文雁啊，开开门。"里面依然没有声响。

过了许久，门"吱"的一声开了，里面走出来一位十四五岁的少年，端着一大碗米饭，饭上还扣了几大块猪肉。少年一步一回头，泪水涟涟地和里面的人告别，好似也没看见侯文雁他们。出得门来，旁边一户人家的门也开了，里面出来个大婶，追着把一袋花生塞到他怀里，接着又有第三家的门开了，里面的大叔也在往他怀里塞吃的……侯文雁看着少年远去的身影，悲从中来，这不也是自己吗？他就是靠着左邻右舍的接济才活下来并考取功名的，村中的每户人家都对他有恩情，他为官之后也陆续派人送了些钱粮回来，为什么乡亲们现在如此待他呢？

侯文雁正思忖着，一阵急促的马蹄声传来，来人跃马落地，呈上一封密函。拆开一看，原来是钦差大人奉皇命视察各地的民情，人快到达县府了。侯文雁神色肃然，招呼王来立刻回程。

二

钦差在侯文雁的陪同下，在县城转了几天，看见水灾后的百姓安居乐业，五谷丰登，不由面露喜色，不住地夸奖他治理有方。侯文雁一直小心翼翼地伺候着，唯恐不周。像他这种出身贫寒，没有任何裙带关系的芝麻绿豆官，只怕稍微得罪了哪方神圣，何止乌纱帽，项上人头都随时会丢掉。所以，侯文雁为官以来，事必躬亲，处处谨慎，倒也平安无事。

晚上，侯文雁设宴款待钦差。酒过三巡，面红耳热之际，两个人的话都多了起来。原来钦差也是出身穷苦之家，忆及早年三餐不继之窘况，不免唏嘘不已。侯文雁感同身受，忍不住叹息道："咱们的俸薪也不多，仅够维持家用，应付同僚和上司的礼尚往来都捉襟见肘啊。"钦差呵呵笑了起来："那仁兄可有什么生财之道？"侯文雁的酒猛然醒了，正色道："岂敢岂敢，在下万万不敢有什么非分之想，还请大人莫要和我开玩笑。"钦差仰天大笑起来，说道："何必如此惊慌，随便聊聊而已。我一生不好阿堵物，唯独痴爱玉石，每到一处必寻访同道中人，把玩欣赏便是一大乐事。不知仁兄可有这方面的收藏？"侯文雁沉默不语。钦差追问道："仁兄一看便是清雅之人，莫非有宝物不舍得赐见？"侯文雁涨红了脸，连忙赔笑："大人言重！下官刚才是在想，家中似乎有块古玉，只是一时健忘，不知放在哪里了。”钦差两眼放光，抓住他的手，急急道：“你仔细想想，找到了一定要给我观摩。再说了，文雁兄德才兼备，治地有方，我回京城后少不了替你美言……”

侯文雁心中一凛。

回到家中，侯文雁想了一宿，觉得事关前途大事，钦差都暗示了，这礼是一定要送的。他从密室偷偷取出件东西，准备第二天就送给钦差。

三

“老爷，不好了！”王来气喘吁吁地急奔而来。侯文雁皱了皱眉头，问道：“何事慌张？慢慢讲来。”王来深深吸了口气，才说：“兰小姐上次不是没拜祭成祖先吗？回去一说，她家父母亲认为是不祥之兆，由此怀疑老爷的身世来历不明，想取消这门亲事……”侯文雁一听，也跟着着急起来。他去年在中秋赏灯会上遇见兰儿，见其不仅姿容秀美，而且举止温婉雅致，顿时惊为天人，一打听，原来是书香世家。后来，他费了好大周折才得到兰儿父母的嘉许，在这节骨眼上，怎么能出半点错呢？

侯文雁凝神想了会儿，朗声道：“你立刻通知兰小姐，我们即日再回乡一次。依我推理，祠堂肯定是建在村屋里面，这一次就算搭梯翻墙，我们也一定要进得祠堂。”他这次专门准备了一马车的食物和用品，准备派发给乡亲父老，证明自己并未忘恩负义。

几个时辰后，一行人又来到了小村庄。一见到村民，侯文雁立刻吩咐王来把东西分发给他们。谁知，他们对一袋袋大米和一箱箱布匹看也不看，一溜烟就跑了。侯文雁这下子真恼了，他一把拽住个三十几岁的黑脸汉子，这是他旧时的邻居，生气地说：“陈七柱，你们究竟想干什么？乡里乡亲的，我现在要回祠堂祭祖，你告诉我从哪里进去？”陈七柱慌慌张张地看了他一眼，咕哝道:“你去问族长,我也不知咋回事。喏,村口第一家便是。”侯文雁整了整衣襟,率人朝族长家走去。

族长是个老秀才,还是侯文雁幼时的私塾先生,在村中的威望很高。汲取了上次的教训,这次侯文雁毕恭毕敬地在门口作揖道:“晚辈文雁特来探望老师,还请老师拔冗见上一面。”门内一声轻咳,紧接着走出一位头发花白的瘦削老者,正是族长。他冷冷地扫了他一眼,说了声:“去那棵大榕树那吧。”侯文雁只好搀扶着兰儿来到榕树下,坐定后,迟疑半晌,终于忍不住问道:“族长,文雁为官以来,一直克己奉公,勤政爱民,乡亲们为何如此待我?”兰儿在一旁微笑,不住点头。族长不作声,突然问道:“文雁给你家送了什么聘礼?”兰儿愕然道:“文雁家中贫寒,我们也没计较,只是按照最简单的习俗送了些物什来。”侯文雁脸色微红地垂下了头。族长瞥了一眼兰儿,问道:“这玉镯呢?”兰儿羞怯地答道:“这是文雁送给我的定情之物,是他祖母传下来的。”

族长眼神凌厉地盯着玉镯,又望了望侯文雁,侯文雁不自觉地别过了身。族长喟叹了一声,说道:“我在村子里待了一辈子,哪家的人和事不清楚呢?文雁,你一直是我们大家的骄傲,我们看着你十年寒窗苦读,看着你成才为官,我们为什么不让你进祠堂?因为我们不想看着你一错再错!”侯文雁正要争辩,族长一挥衣袖,已经走了。

他呆立片刻,见一老婆婆经过,忙问村子何时建成这等模样。老婆婆咕哝着说,上次洪水时,村子里救了个独眼青年,青年不知跟族长说了什么,后来,族长就号召大家把房子围起来建,祠堂还建在村舍的最里面。侯文雁追问道:“那独眼青年现在何处?”老婆婆说:“他的伤好后,族长留他住了几个月,前一阵子离开了。”侯文雁详细地打听了那独眼青年的长相,听着听着,额头开始冷汗涔涔。

“文雁,我们现在还进祠堂吗?”兰儿见他神色不对,皱着眉头问道。侯文雁的眼中掠过一丝苍凉，凝神说道："兰儿，我是真心爱你，此情天地可鉴。可否宽容几天，以后我再向你解释。"兰儿的眼睛瞬间蓄满了泪水。侯文雁心一痛，狠狠心又说："你这镯子也先还给我吧。"兰儿震惊地望着他，"你，你，你简直……"她悲愤得说不出话来，当即褪下镯子，扔给侯文雁，然后梨花带雨地哭了起来。

侯文雁心中难受，不敢再看她。

四

几天时间一晃而过，钦差即将前往下一个县府。临别时，他几次暗示古玉一事，侯文雁都无动于衷。就在他上轿准备离去时，侯文雁忽然神色凝重地作了个揖，说道："大人，去年洪水期间，县府曾拾获一箱古玩，失主暂时无从查寻。稍后，我便写奏折将失物上缴国库。"钦差听得此言，居然说了句："幸哉！幸哉！文雁兄，我果然没有看错你！"这下反而把侯文雁搞糊涂了，钦差不是一直觊觎古玉吗，现在怎么一百八十度大转弯呢。

洪水那年，暴雨如注，侯文雁率领衙役兵士不分昼夜地抢救百姓，几经辛苦，挽回不少财产和生命。有一天，他途经一断墙时听到微弱的呻吟声，扒开一看，一个独眼青年全身肿胀溃烂，怀里还紧紧地抱着一个做工精美的紫檀木箱。侯文雁上前唤了一声，那人睁开眼睛，看了他一眼，哼了一声就气息全无。侯文雁好奇地打开紫檀木箱，一看，里面全是玉石和古玩，从质地和色泽来看，价值不菲。侯文雁一眼看中了其中的一个玉镯，倘能戴在兰儿的皓腕上，该是何等美丽！一时贪念起，他将箱子据为己有……现在，既然失主尚在，他万万没有霸占他人财物之理。

侯文雁处理完箱子一事，心里感到一种久违的轻松，他带着王来专程又去了一趟家乡。这次场面热闹非凡，村民们迎出村口，个个笑脸相迎，簇拥着他，争相拿出当地的特产款待他。侯文雁的眼睛蒙上了一层雾，多么淳朴善良的乡亲啊。族长语重心长地告诉他，独眼青年当时只是昏迷，后来醒来时发现箱子不见了，便断定是最后见到的那个人拿走了。他后来在街上遇见正在指挥抢险的侯文雁，一眼就认出了，敢怒而不敢言。几经辗转，那青年一身伤痛，病在了异乡，恰巧就是侯文雁的家乡。被救回一条命的青年对族长涕泪直下地讲述自己的遭遇，族长听后既痛又怒。后来，他就号召村民将村子围起来建造，祠堂藏在村屋中央。全村人商量好，如果侯文雁誓不悔改，他们就永远不认这个人。

侯文雁听得出了神，猛地问了句："你咋知道得这么清楚？连兰儿的手镯都知道？"族长"嘿嘿"地笑了几下，不作声。侯文雁逐个扫视周围的人，当看到王来时，王来露出扭捏不安的神情，一下子全明白了。王来是他从老家带出来的，忠心耿耿地跟了他十几年，除了他还会有谁呢？此刻，他没有一丝怨恨，相反，心中溢满了阵阵暖意。

这时，侯文雁突然问道："族长，现在我可以去祠堂了吧？"族长笑了笑，说："请吧。"说完，前边带路，往村里走去，不知不觉已经走在巷子里。

"慢！"侯文雁转身看看惊愕的族长，突然后转身，走出了巷子。他这才发现，这些屋子设计得非常奇特，因为犬牙交错，如果往一个方向走，不回头的话，根本看不到进村的巷口。族长跟出来，意味深长地说："这和人的一生一样，要时不时地回头看看，才能找到新的入口。不然，努力一生，可能又回到原点，甚至比原来还惨……"

五

县府内张灯结彩，侯文雁终于抱得美人归。烛光下的兰儿娇俏迷人，宛若空谷幽兰。侯文雁情难自禁，一把搂住兰儿就要吻下去。不料，兰儿推开他，嗔道："钦差大人今天特地送来封信，你先看看吧。"侯文雁笑了笑，连忙拆开。看完，又是一阵冷汗。

原来，那个独眼青年有个亲戚在皇宫当侍卫，他托人将侯文雁霸占古玩箱子的事告诉了侍卫。侍卫找了个机会便告了御状，皇上听完大怒，当即要严惩侯文雁。钦差知晓了消息后，奏请皇上要亲自去调查此案。因为他知侯文雁成才不易，心生怜悯，希望给他一个机会。如果侯文雁果真拿古玉贿赂他，那么下场可想而知。钦差说，幸亏侯文雁悬崖勒马，大宋从此多了个好官……

想起家乡秘藏的祠堂，还有族长、王来、村民等，侯文雁一时哽咽。

羞　杀

汉武帝时期，一天清晨，会稽城外走来一个布衣先生。此人五十多岁，虽然衣衫不很名贵，但洗得很干净，一看就不是普通百姓。不过，一般百姓只会注意八抬大轿上下来的人物，很少注意一个布衣步行的人，大家各自忙着自己的事情，没人对他多看一眼。不过，这人好像对这里并不陌生，走大街过小巷，一刻钟后，他在一个大门前站定，确认没有认错，才上前打门。过了好久，才有声音从院内传出："谁啊，大清早的，还让人睡觉不？"随着声音，有人走到大门前，门闩一响，大门"吱呀呀"开了，一个睡眼惺忪的中年人站在门里，细细打量着门外的客人。客人也不说话，只是笑眯眯地看着他。好久，那人哈哈大笑道："我以为大清早什么贵客，原来是买臣兄。什么香风把你吹来了？来来来，外面凉，赶紧屋里说话。"说着，拉着这个叫买臣的人就往屋里走。

来的客人叫朱买臣，主人是他的发小，现在会稽太守的守门人钟南晓。朱买臣早年离家去别处谋生了，今天是离家后第一次回来，先到了老朋友这里。

好友见面，自然是亲热非常。钟南晓立马把老婆叫起来，赶紧炒菜烫酒。

酒过三巡，菜过五味，钟南晓看着朱买臣，笑着说：“自从兄弟远走他乡，我们就失去联系了。现在突然回来，是不是有喜事啊？我可告诉你，除非你娶媳妇用钱，别的事别找我借钱。”朱买臣明白，自己突然来访，被误以为来借钱，不过也合情合理。

本来，朱买臣在这里生活，一直到四十，也没什么建树。别人杀猪的杀猪，养羊的养羊，虽然不能大富贵，但至少能混口饭吃。他倒好，每天除了吟诗作对，就是眼望远方做深思状。老婆朱氏结婚前就听说这个读书人有点迂腐，但没想到竟如此不过日子，于是，朱氏对其下了最后通牒——要么继续读书犯傻，要么找个正当职业，好好养家糊口。后来，朱买臣只好到山上砍柴去卖。不过，问题又出来了：别人卖柴就卖柴，他倒好，站在大街上吟诗，惹得很多人拿他当猴耍。朱氏又羞又气，但朱买臣不以为然，还对朱氏说：“我知道老婆跟我受委屈了，日后我若发达，必将回报你。”说完，又转身去读圣贤书了。朱氏思前想后，觉得跟这样一个人过一辈子，连顿饱饭都吃不上，还是早早脱离苦海的好。于是，朱氏不顾娘家人反对，逼着朱买臣写了休书，然后就近找了个老实本分的人嫁了过去。这件事以后，也没见朱买臣痛哭流涕，见了自己的老婆和现在男人，也不觉得尴尬。不仅如此，朱买臣饥寒交迫时，还去前妻家蹭饭。人们对他这样一个不知廉耻的人指指点点，说这人算没救了。

想到这里，朱买臣端起酒杯，猛地灌下，红着眼睛看着钟南晓。钟南晓赶紧说：“对不起，我不该揭你的伤疤。不过，我刚才是开玩笑的，如果兄弟手头紧，说一声就行。实在不行，你就吃住在我家。我不富裕，但添一张嘴吃饭还是没问题的。”

朱买臣哈哈大笑，从怀里掏出一个布包放在桌子上，神秘地对钟南晓说：“猜猜，这里面包的什么？”钟南晓看了一会儿，摇摇头：“莫非兄弟发财了，是大金锭?”朱买臣说:“比大金锭值钱。”见钟南晓还是猜不出，朱买臣慢慢解开布包，一个官印露了出来。钟南晓愣了一下，随即笑了:“原来兄弟搞上古玩了。不过，这些东西赝品很多，不小心就要倾家荡产啊!”朱买臣说:“你拿过去仔细看看，是真品还是赝品。”钟南晓轻轻将官印拿到手里，翻来覆去看了一遍，倒吸一口凉气。他是太守府的看门人，这官印可是没少看，手里这货可是真的。但他还是有疑问，太守官印怎么到了朱买臣手里？难道他落草为寇了，在路上劫杀了来赴任的新太守？但又一想，不对啊，他如果杀了新太守，还敢明目张胆地带着官印到处跑？除非真的读书读傻了。

就在钟南晓胡思乱想之时，朱买臣轻咳一声，整理好衣服上的褶皱，突然说道:“钟南晓，还不快参见新任会稽太守朱大人!”钟南晓一哆嗦，手里的官印差点掉到地上。他这才明白，朱买臣没傻，是自己傻了。眼前这位当年的落魄兄弟，现在发达了。

钟南晓赶紧轻轻放下官印，起来就要施大礼，被朱买臣笑着拉住了:“行了，开玩笑也信。”见钟南晓发愣，朱买臣补充道，“不是官印开玩笑，我的身份也不是开玩笑，是刚才那句话开玩笑。自家兄弟，又在家里，哪来的这么多礼数？来来来，喝酒!”

惊魂未定的钟南晓这才擦了一把脸上的冷汗，小心地问道:“兄弟，不，朱大人，你自己来的?”朱买臣笑道:“他们都在后面，午后即到。我这不是先来一步，到大哥这里蹭饭来了。”

钟南晓什么都想到了，就是没想到朱买臣从今天起就是这里的父母官了。这朱买臣四十岁还是穷汉一个，怎么几年不到，就成了朝廷大臣了？还要回到老家当官？这里有必要说一下。

汉景帝后元三年(前141年)正月，汉景帝驾崩，太子刘彻继位登基，是为汉武帝。又过了几年，朱买臣经朋友帮忙，被介绍到会稽郡当一名差役。年末，会稽郡上计吏要进京汇报，派朱买臣去押车。

朱买臣随上计吏押送辎重车来到长安。他到皇宫门前送奏书，但很久没有回音。于是在公车署里等待皇帝的诏令，粮食用品都没有了，上计吏的兵卒轮流送给他吃的东西。一天，朱买臣凑巧在街上遇到同县人严助。严助官居中大夫，深受汉武帝赏识，于是严助向汉武帝推荐了朱买臣。汉武帝召见朱买臣，朱买臣谈说《春秋》，讲解《楚辞》，汉武帝很高兴，便封朱买臣为中大夫，与严助一起在宫廷侍奉皇帝。当时正要修筑朔方郡城，公孙弘上疏进谏，认为修城会让国家经济疲退，财政吃紧。皇帝让朱买臣去和公孙弘辩论以使其折服。元鼎六年（前111年），东越王余善反复无常，屡次不听朝廷命令，朱买臣献说："以前东越王的居所在泉山之上，地势险要，一人守险，千人都攻不上去。如今我听说东越王迁徙南行，换了地方，此地距离泉山五百里，在大泽中。现在如果派兵过海，直接攻击泉山，陈设舟船，排列士兵围攻，席卷南行，就可以消灭东越国了。"汉武帝非常高兴，采纳朱买臣的作战计划，封他为会稽郡太守。皇帝对朱买臣说："荣华富贵以后不返回故乡，就好比穿着锦绣衣服在夜间行走一样，你打算怎么办呀？"朱买臣叩头谢恩后，前去会稽筹备战舰、粮草等军用物资。但他突发奇想，没有敲锣打鼓衣锦还乡，而是一个人悄悄地进城了。

朱买臣说得轻松，钟南晓听着可是天大的事啊。他立即吩咐妻子赶紧去街上割几斤好肉回来，他要和昔日的兄弟、今天的太守一醉方休。

都说女人嘴杂，这钟南晓的妻子一上街，就管不住嘴了，见谁都说新任太守在他家吃饭。有的人听后嗤之以鼻，更多的人表现出好奇来，就去她家偷窥。当他们看到坐在钟南晓家谈笑风生的所谓新太守，是几年前的落魄穷书生时，也加入了嗤之以鼻的行列。有人对钟南晓的妻子说："你家那位要是新任太守，那我中午来的客人就是宰相。"众人哈哈大笑离去。

钟南晓的妻子买肉回来，委屈的不得了，钟南晓呵斥道："你一个妇道人家，以后不要胡言乱语说这些大事。"说完，钟南晓觉得好像应该挽回点面子，就问朱买臣可不可以把官印借他一用。朱买臣点点头。钟南晓拿着官印走到大门口，正赶上一个私塾先生走过来，于是，钟南晓就借着酒劲让私塾先生看官印。一般老百姓不识字，这私塾先生可是文化人，一瞧官印，倒吸一口凉气，不等钟南晓再说什么，撒腿就跑了。他干吗去了？当广播员去了。很快，城里就传开了，当年卖柴吟诗的傻小子，现在是会稽太守了。

这个消息对于一般的老百姓，也就是个励志的故事，回去作为教育儿子孙子的道具。可有一个人听后，心里却似打翻了五味瓶。这个人就是朱买臣的前妻。

就在刚才，朱氏刚给丈夫准备好上山打柴的干粮，邻居王氏风风火火地闯进来，上气不接下气地说："嫂子，你还在家里，赶快去大街上听听，谁回来了……"朱氏平静地说："谁回来关我什么事？"王氏白了她一眼："当然关你事了。我给你说吧，朱买臣回来了。嘿，谁能想到，当年那个穷小子，现在竟然是大官了。太守，你懂吗？我们这里最大的官！好了，别愣着了，全城百姓都在准备迎接太守了。走啊。"说着，就去拉朱氏的胳膊。

一听"朱买臣"三个字，朱氏感觉和自己没一点关系；可听到"太守"两个字加在朱买臣前边，她就觉得心疼了一下，针扎一样。她糊里糊涂地被拉到街上，加入到迎接太守的百姓队伍中。她丈夫刚才正在后院忙活，听到王氏的话也跟了出来，站在朱氏身后看着远处过来的车队。看热闹的人看到朱氏，有的摇头叹息，有的直接说："看，那就是当年那个鼠目寸光的妇人，抱着金块找石头，真是傻到家了。"朱氏只觉得头嗡嗡作响，刚想回家，朱买臣的车队已经来到了跟前。而朱买臣一点没有官架子，走在队伍前面，见到熟人就打招呼。

忽然，朱买臣看到了人群中的朱氏和现任丈夫，也许是念及旧情吧，朱买臣不禁上前打了招呼，还把两口子请上车，拉回府里，好吃好喝，气氛很是融洽。人们都夸赞朱买臣，说当年朱氏抛弃了他，现在竟然以德报怨，真是做人楷模。

接下来，朱买臣开始筹备战舰、粮草等军用器械和物资。这天，他正在核实账目，钟南晓敲门进来了，嗫嚅道："她……自杀了！"

"谁自杀了？"朱买臣一头雾水。

"就是那个目光短浅，弃你而去的妇人啊。"

朱买臣这才醒悟，钟南晓说的是朱氏。

"怎么会自杀？"朱买臣迷惑不解，但随即一拍脑袋，痛苦地摇着头说，"难道是因为我？"

要说朱氏自杀，罪魁祸首是朱买臣，确实有点冤枉。但他的衣锦还乡，确实刺激到了朱氏，闲言碎语加上悔不当初，促使朱氏踏上了黄泉路。

"也不能这么说。"钟南晓分析道，"大人只是奉旨回乡，又不是故意回来刺激朱氏，这件事虽然与大人有关系，但不是直接关系。"朱买臣知道，好朋友这是给自己宽心啊！于是摇头道："我这种做法，现在想来绝对谈不上是低调。我是想用欲扬先抑的手法取得爆炸性、轰动性的效果，真没想到会发展成这样。"

其实，先秦两汉是一个很势利的社会，对于富贵的需求有相当一部分是因为要为自己往日的贫穷卑贱出一口气，一定要衣锦还乡，一定要在故乡父老面前扬眉吐气，这是当时很流行的做法。朱买臣的做法很典型，但还不是最过分的。

半月后，朱买臣还是买了点心香火来到朱氏的新坟前拜祭。没人知道他在坟前说了什么。

张仲景巧断无头案

一、惊现无头尸

名医张仲景当长沙县令时,有一天,一个农夫跑到县衙,说在一个废弃的小土地庙里发现一个死人。张仲景立即带人赶到现场,果然见里面有一团黑糊糊的东西。他让衙役拖出一看,竟是一具无头尸体。

尸体被带回县衙,平放在一块白布上。张仲景俯身下来,仔细解开死者的上衣,又让衙役帮忙,将尸体翻来覆去地看了几遍。这时,因为翻动尸体,一些粘在死者衣服上的草叶掉在白布上,张仲景一点点捡起来,装进一个布包里。

因为是个无头尸体,弄清死者的身份成了当务之急。张仲景让衙役去周边村镇张贴布告,看看哪个村子有人突然不见了。但几天过去了,没有人来认领尸体。

这天上午,张仲景处理完几件小案子,回到书房,将一块白布铺在桌案上,把布包里的草叶倒在白布上,一片一片仔细地看。因为草叶都是残缺不全的,所以,辨认起来很是困难,但张仲景是一个医生,挨个看、闻、嗅,然后点点头，带着几个衙役出了县衙。一个衙役问："老爷，我们是去抓犯人吗？"张仲景道："我们现在连死者是谁都不知道，怎么抓杀人者？我想先去寻找杀人现场。"另一个衙役不解地问："那个小土地庙不就是杀人现场吗？"张仲景摇摇头说："小土地庙周围我看了，没有打斗的痕迹和血迹，凶手应该是杀人后移尸至小庙的。但我考虑，杀人者虽然把尸体转移了，但因为死者人高马大，我想第一现场不会离小庙太远。"说着话，几个人已经来到小庙。

张仲景站在小庙门口，四下望去，然后指着一个山坡说："我们去那里看看。"

几个人顺着一条羊肠小道往前走，张仲景边走边四下打量。这条小道直通山顶，虽然很窄，但从路上的小草来看，应该有不少人从这里上山，然后翻到山那边去。果然，等他们登上小山顶，就看到了小路蜿蜒而下，小路的尽头，隐隐约约是一个小村寨。

张仲景站在小山顶上，手搭凉棚四处张望。然后他把几个衙役分成两组，从小路的两边开始往下找。不一会儿，一个衙役喊道："大人，这里有人打斗的痕迹。"张仲景赶过去一看，有一片锅台大小的杂草扑在地上，虽然事后有人试图把现场破坏，但被压折的草无论如何不可能站起来了。

张仲景蹲下身，用一小木棍慢慢拨拉伏在地上的荒草。突然，一块小木头碰在小木棍上，弹了一下，被小木棍拨拉到一边。张仲景捡起来看了看，放进随身的小布袋里，然后继续寻找，但除了已经干涸的斑斑血迹，没有再找到有价值的东西。

张仲景站起来，看看山脚下的小村，对一个衙役说："这几天大家都辛苦了，你去下面的小村买几斤猪肉，我们回去好好喝两盅。"衙役看了看小村，皱着眉头问："大人，你怎么知道村里有卖猪肉的？"张仲景笑笑说："你去就是了。"衙役答应一声，顺着小路下山去了。

二、图财害命

半个时辰后，那个衙役真的提着猪肉回来了。张仲景接过肉看了看，递给另一个衙役说：“你先回去让厨子把肉烧上，等我们抓了凶手，回去一起吃。”然后，张仲景让买肉的衙役带路，直奔山下的小村。

来到村里，几个人在买肉衙役的引领下，径直来到一个小院，见一个身材魁梧的大汉正在磨刀。那人见一下子进来四五个官差，先是一惊，而后笑着问：“老爷们，买肉啊？”张仲景走进那个人，见他磨的刀卷刃了，点了点头，然后一指那个人，大声喊道：“给我拿下！”那人见几个衙役挥刀扑了上来，知道不是对手，扔下手里的杀猪刀，扭头就跑。刚跑到墙头边准备翻墙，被几个衙役赶上来摁在地上，然后捆了带到张仲景面前。那人拧着脖子大喊：“你们为什么抓我？我杀猪难道犯法吗？”张仲景说：“你不只是杀猪吧？好了，有冤到大堂去说吧。”说完，命衙役押着杀猪的回到县衙。

张仲景立即升堂，让人将杀猪人带上来。

“你叫什么名字？”张仲景一拍惊堂木，威严地问道。

“小的叫张三。大人，我可是公平买卖，老幼无欺，大人明察啊！”说完，张三磕头如捣蒜。

“到了公堂之上，我劝你还是放聪明点，老实交代你是怎么杀死那个篾匠的？告诉你，我既然抓你过来，就是有证据的，希望你能自己讲出来，免受皮肉之苦！”说完，张仲景用力拍了一下惊堂木，满堂的衙役也把手中的刑杖在地上使劲敲打，嘴里发出“威武”的声音。

张三一听“篾匠”二字，浑身哆嗦，但还是说：“大人，你可不能冤枉我啊！要说杀猪我可是杀了不少，杀人打死我也不敢啊！”张仲景说：“好，既然不说，那就别怪我不客气了！”听着衙役抬上刑具的声音，张三终于被吓住了，颤抖着说："我交代！我全说。"

张三说，篾匠叫林大春，是从南边过来的，专门给各家各户编一些盛东西的日用品。这天，林大春来到张三村里，在大街上吆喝，张三就把他叫到家里，说加工几个大一点的筐子，林大春就住在了张三家里，一干就是五六天。这天，干完活后，张三炖了猪肉，和林大春喝了起来。后来，林大春不知不觉就喝醉了，说自己这些天挣了不少铜钱，为了保险，他在进村前都会埋到村外的山上，干完活走时再取出来。说者无意，听者有心，第二天，林大春收了工钱走后，张三就悄悄跟着他，来到村北面的小山上。在一棵已经干枯的树下，林大春停下来，看看四下无人，在树下挖出一个布包，放进自己挑的筐子里。

"所以你就见财忘义，杀了林大春？"

"大人，冤枉啊！"张三说，"本来我不想杀他的，只想抢他的钱，但他却拿出篾刀刺我，我这才抽出杀猪刀杀了他……"

张仲景让张三画上押，冷笑道："你真是目无王法，杀了人还喊冤枉！来啊，将张三押入死牢，等秋后开刀问斩！"几个衙役过来，架起鬼哭狼嚎的张三走出大堂。

张仲景退了堂，来到后院，厨子已将猪肉炖好，满院飘香。

三、识草断案

大家围着桌子坐下，都看着满盆的红烧肉不动筷子。张仲景笑着说："怎么，怕不够吃的？"一个衙役说："不是，我们是纳闷。大人怎么知道的张三就是凶手，又怎么知道死者是个篾匠？"张仲景呵呵一笑道："这是因为我常年行医采药，懂得各种草的特性。"

大家你看看我，我看看你，面面相觑。

“你们可能没有注意，我在死者的衣服里取下了很多草叶。”说着，张仲景取出那个小布包，将里面的草叶倒在桌子上。张仲景说，他根据自己的经验，仔细查看了死者衣服里藏的叶片，发现了一种小土庙前没有的草——鹅冠草。这种草生长在向阳的山坡上，初步判断第一现场应该在一个向阳的山坡上。果然，张仲景带人查看了离小土庙最近的一个山坡，正好发现了那里有打斗的痕迹，这就证实了他的判断是正确的。所以，他就考虑凶手可能就在山下的村里。

“那又怎么知道死者是篾匠呢？”

“也是因为他衣服里的植物碎片。”张仲景夹起一块肉放进嘴里，有滋有味地嚼了起来，“可能因为长期摩擦的缘故，死者的一个袖口严重磨损，露出了里面的里子。我在这里发现很多植物碎片，经过我鼻子闻、眼睛辨，最后咀嚼得出结论，这是毛竹的碎片。所以，我就断定，这是一个篾匠，不然，袖口里不会有这么多毛竹的碎片。”

大家点点头，都说有道理。但大家还是不明白，即使知道死者是一个篾匠，也找到了第一现场，又怎么知道凶手是个屠夫呢？张仲景又从布袋里拿出一个木质的刀把放到桌上。这个刀把已经被利器分成两半，这只是其中一半。

“我在现场找到了这个刀把，看痕迹是新劈开的。我嗅了一下，刀把的断面有很重的肉腥味，所以，结合死者头颅不见了，可以得出结论，凶手是个屠夫，他是用杀猪刀杀死了死者，然后为了掩人耳目，又砍下了死者的头颅。这正和凶手交代的死者用篾刀刺他，他随即拔刀还击相吻合。”

大家听完频频点头，都说名医当县令就是不一样。张仲景说完收起那些东西，说：“其实，若不是我懂这些植物的习性，想破这件案子，绝对不是容易的事，是这些花草帮了我的忙。”

愤怒的“杰迈玛阿姨”

一、疑似女间谍

抗日战争时期，中缅边境有一个叫邙山的小镇，驻扎着一个中队的日本兵，看守着位于土地庙的一个弹药库。

这天上午，中队长吉野一郎接到日本特高课昆明分部的电话，说他们截获了一份美国战略情报局给邙山支队的电报，虽然没有全部破译，但从几个关键词来看，应该是一个美国女间谍，来配合邙山支队破坏日军的弹药库。这几个关键词是：杰迈玛阿姨、邙山支队、弹药库。

放下电话，吉野一郎叫来小队长中村池，严肃地说：“我刚接到电话，可能近期会有美国人来协助邙山的抗日分子，所以，你负责严查进出邙山镇的外国人，尤其是美国人。我倒要看看，在我一个中队的严防死守下，一个美国女人和一群吃不饱的乌合之众，怎么破坏我的弹药库。我们自从来到邙山驻守，就没遇到过真正的对手，现在机会来了，我倒要看看，这里谁是螳螂、谁是蝉，谁又是黄雀。”中村池答应一声出去安排了。

一连过了几日，也没见有什么异常。吉野一郎暗骂道：“特高课的人就是草木皆兵，别说一个美国特务，就是来一个小队，从我这里也休想占到便宜。”他正得意，突然听到外面一个女人喊道：“放开我，你们这些法西斯！”随着声音，中村池带着两个日本兵，押着一个美国女人走了进来。吉野一郎一看，立即兴奋起来。心说，说曹操曹操就到啊！

中村池一个立正，报告说，刚才在镇外发现这个鬼鬼祟祟的美国女人，就抓了起来。说着，把一支手枪放到吉野一郎的桌子上，说是从那个女人身上搜出来的。吉野一郎拿起小手枪翻来覆去地看了看，突然把枪顶在美国女人的太阳穴上，低声但很严厉地说：“叫什么？从哪里来？”女人并不害怕，只是冷冷地说：“我走过这么多国家，没见过这么野蛮的部队。难道把全世界的人都看作你们的敌人，不问青红皂白就抓起来，是你们一贯的做法？我看这只能说明你们的怯懦，连我这样一个女人都害怕。”

吉野一郎听完，收起枪扔到桌子上，然后哈哈大笑。他一挥手，拧着女人胳膊的两个士兵松开手，退了出去。吉野一郎又看看中村池，中村池犹豫了一下，也退了出去。吉野一郎看看女人，笑着说：“我很佩服你的勇气，看来，美国特工确实有一套。不过，你还没回答我的问题。”

女人揉揉酸疼的胳膊，不屑地说：“我叫珍妮，只是一个普通的记者，不是什么特工。如果是特工，会被你们抓住？你太小看美国特工了！”吉野一郎夸张地伸出双臂，在空中舞了一下，得意地说：“特工怎么了？难道你们美国特工会隐身术？能刀枪不入？告诉你，不管你在美国接受了怎样的训练，被我抓住就是死路一条。说吧，你来这里的任务是什么？”珍妮掏出口袋里的记者证扔到吉野一郎面前，不耐烦地说：“我说你们这些日本人怎么这么讨厌，我说了我是记者！”吉野一郎拿过记者证看了看，说：“就这小本本能证实你不是间谍？不要浪费时间了，我可不想看戏！”说着，吉野一郎就把接到的情报说了一遍。那意思是说，你们的事我早就知道了，辩解是没用的。珍妮叹了口气，无奈地说：“既然你认定我是间谍，我说什么也没用。至于你说的杰迈玛阿姨,我不能不笑你的无知。这只是一种面粉的名字。”吉野一郎冷笑道:“名字只是一个代号而已,难道你们美国人会愚蠢到用你珍妮的名字命名这个行动?当然了,你是否真叫珍妮还说不定,这要调查清楚才能知道。所以,这段时间就委屈你了。”他按了一下桌子上的一个按钮,中村池走了进来。吉野一郎说,“先安排珍妮小姐休息。”中村池答应一声,带着珍妮出去了。日本和美国的关系很微妙,在这非常时期,虽然不能放过一个间谍,但也不能对美国人太过分。吉野一郎只想软禁珍妮一段时间,如果她真是间谍,不能和邙山支队接上头,所谓的破坏弹药库的计划,就是一句空话;如果证实珍妮不是间谍,过段时间就放了,美国人也不会拿他们怎么样。

二、真真假假伪镇长

吉野一郎正想打电话给昆明特高课分部,让他们查一下珍妮的背景,突然,士兵来报,在镇门口查获了杰迈玛阿姨。吉野一郎一听,放下电话,跟着士兵来到镇门口,见镇长田鹤鸣正站在一车面粉前和几个日本兵说话。这田鹤鸣原来是镇上的富绅,日本人来了后,投靠了日本人,当了伪镇长。平时,田鹤鸣常叫吉野一郎去家里吃饭,两人称兄道弟,关系很好。

见吉野一郎来了,田鹤鸣连忙上前,指着一车面粉说:“听说美国面粉好吃,我托人从昆明弄来十几袋,结果,士兵说是违禁品。太君,这面粉啥时候成为禁品了?”吉野一郎说:“不是面粉成违禁品了,是因为这段时间风声紧,盘查得严格一些。”说着,吉野一郎问士兵的检查情况,那个士兵说,确实只是面粉,里面没有藏违禁品。吉野一郎走到车前一看,每袋面粉都被刺刀刺了一个口子,白白的面粉撒得地上到处都是。看一个士兵的嘴角白白的,说明他还尝了面粉的真假。吉野一郎一挥手,说:“田镇长是我们的朋友,哪能带什么违禁品?放行!”田鹤鸣连忙讨好地说:“太君,要不,你跟我回家去喝两盅?”吉野一郎说:“改天吧,今天没空。”田鹤鸣说:“好好好,哪天有空就过去,我还有几罐上好的女儿红呢。”说完,拱手道别,让人拉着面粉车走了。吉野一郎望着田鹤鸣的背影,若有所思。

当天晚上,田鹤鸣吃过晚饭正想休息,听到墙头有声音,知道来人了。果然,几分钟后,有人敲门。田鹤鸣没敢点灯,打开门,几个人一闪就进了屋。田鹤鸣一看,来人是邙山支队队长牛大华。

“牛队长,别来无恙。”田鹤鸣关上门,小声说。

牛大华走到窗口,看看院里,这才回转身问道:“货到了?”田鹤鸣说:“到了。牛队长你也知道,我当这个镇长,无非也就是混口饭吃,我是中国人,当然要为抗日做贡献。你吩咐的事,就是死了也要办。”一个队员说:“你说的比唱的还好听,要是真心抗日,还给日本人当狗?”田鹤鸣说:“兄弟你这话就不对了。我一家几十口人,上有老下有小,我当这个镇长也是权宜之计,不然,怎么会答应帮你们做事?比如今天你们来,我要是告诉日本人,你们一个都走不了。”牛大华说:“都别吵了,只要货到了,就说明田鹤鸣真心抗日。好了,带我们看看货吧。”田鹤鸣指指里屋,几个人走进去,看到几十袋面粉堆在一起。牛大华让田鹤鸣点着油灯,他端着油灯挨个看面粉袋上的序号,最后指着一袋说:“就是这个。”说着,让一个队员拽出来,放在最上边,对田鹤鸣说:“这袋面粉给我看好了,谁也不能动。”田鹤鸣凑近一看,这一袋和别的没什么区别啊。“莫非里面有毒?你们想毒死吉野一郎?”牛大华笑了:“吉野一郎又不是猪,能喂他什么就吃什么?再说了,在你家毒死吉野一郎,不是把你暴露了?我们还想借你的身份多做点事呢。”田鹤鸣松了口气,说:“那就好,我可不是怕死,是说毒死一个吉野一郎也没什么用。”牛大华说:“嗯,毒死一个日本军官没多大好处,我们要干大事。”说着,拉过一个队员说,“他叫老虎,以后他就留在这里给你当厨师。”田鹤鸣知道无法推辞,就点点了头。牛大华又小声嘱咐了老虎几句,带人翻墙走了。

三、大饼能杀人

很快，中秋节到了。上午，田鹤鸣来到吉野一郎的办公室，送来一个自制的月饼。吉野一郎尝了尝，连说好吃。田鹤鸣趁机说："贵军为了大东亚共荣，远离家乡，在这里受苦。虽然中秋节是我们的节日，但我也想借这个节日表达一下自己的崇敬之情。所以，我想在今天晚上送来几筐自制的月饼，也算我对大东亚共荣尽一点绵薄之力。另外，我这个厨师是东北人，除了会做月饼，还做得一手好锅饼。这种饼一个就有四五斤重，即使凉了，只要在火上烤一下，外焦里嫩，那真是人间美味啊！"吉田一郎点点头说："我代表驻军感谢田先生。"田鹤鸣说："应该的，应该的。"说完，点头哈腰地出去了。

晚上，当大大的月亮升起来后，田鹤鸣带着几个家人，抬着几筐自制的月饼和锅饼来到日军的兵营。中村池早就等在兵营门口，见田鹤鸣带人来到，示意他们停下。然后，中村池拿起一个月饼让一个抬月饼的吃。那人回头看看田鹤鸣，田鹤鸣明白了，这日本人是怕月饼里有毒啊。他走过来，从怀里掏出一把小刀，又从一个筐子里拿过一个盘子放在地上，然后随意拿起一些月饼，每个划下一小块来，待有了一小堆，自己端起来，津津有味地吃了起来。果然如田鹤鸣所想，吉野一郎就在不远处的窗户后面看着，见田鹤鸣在每个筐里随便拿的，点了点头。非常时期，还是小心为妙，他可不想让大日本帝国英勇善战的士兵，倒在小小的月饼面前。

当晚，整个日本兵营里一片欢声笑语。吉野一郎也坐在自己的办公室，边吃着可口的月饼，边设想着美好的未来。突然，吉野一郎听到一声巨响，还没等他反应过来，接着又是一连串的爆炸声，震得办公室墙壁上的土都簌簌掉落。吉野一郎吃了一惊，走到窗前一看，大惊失色——随着震耳欲聋的爆炸声，弹药库笼罩在一片火海之中。

“八嘎！”吉野一郎骂了一句，抽出墙上的指挥刀就要冲出去。就在这时，半截燃烧的椽子从窗口飞了进来，正落到桌子上的一大块锅饼上。随着一声闷响，吉野一郎只觉得屋子直晃，脸上火辣辣地疼，连眼睛都睁不开了。他大叫着：“来人！来人啊！”一个士兵慌慌张张地跑进来，搀扶住吉野一郎，大声说：“报告中尉，弹药库被袭击了……”“什么人干的？大炮吗？”“不是。虽然不知道怎么突然就爆炸了，但绝对不是大炮。当时我在弹药库外面，爆炸后，里面的士兵都没有出来，估计已经被炸身亡。”

吉野一郎甩开扶他的士兵，用手一摸眼睛，顿时疼得哇哇直叫。士兵一看他的眼睛，忙说：“中尉，你的眼睛……”吉野一郎声嘶力竭地喊道：“一定是那个美国娘们干的！我饶不了她……”士兵说：“中尉，那个美国女人关得好好的，刚才我过来的时候还看到她冲着火光发呆。”吉野一郎一听愣住了，听外面的喊声就知道，弹药库是保不住了。他正想让士兵把中村池喊过来，忽听外面枪声大作，一个人嘶喊着跑进来：“中尉，快跑！邙山支队打过来了！”吉野一郎一听就火了：“八嘎，谁跑我毙了谁！给我顶住！”那人说：“中尉，挡不住了，不光是邙山支队，看军装，国民党和共产党的部队都有……看来，他们是早有准备啊！”吉野一郎听着越来越近的枪声，猛地抽出指挥刀，高喊：“天皇万岁！”然后，剖腹自尽。余下的日本兵在中村池的指挥下，负隅反抗，终没能挡住几路人马的进攻，只好边打边退向另一个据点。

四、尾声

战斗结束，正规部队去追赶日军逃兵，兵营里只剩下邙山支队打扫战场。田鹤鸣躲在暗处，看战斗结束了，才敢出来，拉住牛大华问道：“牛……牛队长，是谁这么厉害，把弹药库给炸了？”牛大华指着他的鼻子说：“你啊。”

“我?”田鹤鸣一脸茫然。牛大华四周看了看,紧走几步,弯腰捡起一块炸烂了的锅饼,说:“就是它爆炸引燃了弹药库啊!”看着田鹤鸣还在那里发呆,牛大华呵呵笑着去打扫战场了。

因为保密关系,田鹤鸣暂时不会知道,完成这次任务的,是美国战略情报局新研制的C型粉状炸药。他们把部分面粉和TNT炸药混合在一起,制造出一种新型的特种炸药。这种炸药表面上看来与普通面粉没什么两样,之所以这样做,就是为了方便把炸药秘密运到中国战场,供游击队使用。这样做,即使被日本兵查住,完全可以声称运的是面粉,就像田鹤鸣一样,光明正大地运进来。这种炸药无毒,如果敌人不信,可以当场试吃。更为奇特的是,C型粉状炸药可以像普通面粉一样制成面包、饼干等形状,蒸和烤绝不会爆炸,然后神不知鬼不觉地送到预定地点实施爆破。不过,C型粉状炸药最怕明火,随身携带这种炸药不能吸烟,否则后果不堪设想。就像这次,牛大华就让田鹤鸣送大饼的时候,捎带着送了士兵不少好烟,弹药库大门里面有六个值班的,其中只要有一个吸烟就行了,吃着炸药吸烟,结果可想而知。为了彻底消灭这股日军,本着擒贼先擒王的策略,老虎在送给吉野一郎的大饼里,加了一斤多打铁铺收集的铁渣子,这样,这个大饼的威力已经远远超过了一枚手榴弹的威力,一下就把吉野一郎的眼睛炸瞎了。

当然,为了迷惑敌人,美国战略情报局给C型粉状炸药取了一个畅销面粉的名字——杰迈玛阿姨。不过,为了配合这次行动,在邙山支队的要求下,一直帮助中国打击侵略的美国一个和平组织,派遣珍妮小姐来混淆视听,也为计划的顺利实施增加了砝码。据资料记载,二战期间总共有15吨“杰迈玛阿姨”炸药被悄悄运到中国战场并得到使用,期间,日本人没有发现任何破绽。这在战争史上,也算奇闻一件了。

傻子不傻

一、陨落的“华北特工之星”

1938年夏天，素有“华北特工之星”称号的日本特工人员坂田正雄从石家庄出发，去南京执行秘密任务。途径鲁西时，忽然心血来潮，来到大鼓庄据点，和鲁西日军最高统帅——他的老同学小野叙叙旧。二人自从踏上中国的土地，这还是第一次见面，所以，小野吩咐厨房杀了一头猪，宴请这位战功赫赫的同窗。坂田也很兴奋，不觉喝得有点醉意。

这时，通信兵来报，说八路军派来和范筑先联系的特派员突然生病，住在了小刘庄，但不知具体位置。

坂田放下酒杯，眯着小眼睛满不在乎地说：“既然知道在小刘庄，我们还犹豫什么！派一个中队过去，将村子一围，不怕村民不交出人来！”

小野一挥手，通信兵出去了。小野说：“要是这么简单，他们就不会向我请示了。”说着，小野站起来，走到地图前，看了一会，这才说，“你看，小刘庄距离范筑先驻军只有三里路，如果贸然带兵包围村庄，以范筑先的性格，不会坐视不理。现在，我这里兵源不足，不想过早引起大的摩擦。”

坂田皱着眉头问:“这范筑先是什么人?敢跟大日本皇军对抗?”

小野说:“此人1936年起任山东省第六区行政督察专员、保安司令兼聊城县县长。他是国民党的官,却拥护中共的抗日主张。去年11月,我率部来到鲁西北,他坚决抵制韩复榘向黄河以南撤退的命令,率部接连击退大日本皇军的多次进攻。听说这次来的这个特派员,是中共鲁西北特派来的,目的是让范筑先将各地武装和地方民团收编为抗日游击队。此人是我们的劲敌啊!我早晚要除掉他,但现在还不到火候。”

坂田听完笑了,说:“想抓住中共特派员,又不想制造大的摩擦。这好办,你忘了我是干什么的?”小野恍然大悟,高兴地说:“对啊!有老兄出面,这事还不小菜一碟?不过,老兄有任务在身,恐怕不方便吧?”坂田说:“不就是打探共产党的特派员吗,简单。你等我好消息吧。”

第二天,坂田化装成一个走街串巷的货郎,担着一些针线、糖果等日用品,离开据点,悄悄向小刘庄靠近。坂田会说一口流利的中国话,所以,没人看出来他是个日本人。

坂田走过十几个村庄,接近中午时,来到小刘庄村外。因为村里藏有生病的特派员,他怕有暗哨,不敢贸然进村,想找个人打听一下。一抬头,看到一个穿着破棉袄的汉子,赶着五六只羊走了过来,边走还边吆喝着想吃麦苗的羊。坂田一喜,走上前,开口问道:“兄弟,前边是不是小刘庄?”放羊的汉子抬头看了他一眼,不冷不热地说:“是啊。”坂田又问:“那你们村里人多吗?”放羊的汉子说:“不多,也就二百口人吧。”汉子说着,凑近坂田的货挑子,问:“有糖吗,我最爱吃糖了。不过,我没钱,一只羊换一块糖吧。”坂田一听,一只羊换一颗糖,这人傻子啊。想到这里,坂田赶紧说:“有啊。不过,我不要你的羊,只要你回答我的几个问题,我的糖都给你。”说着,从货筐里抓出一把红红绿绿的糖块,让放羊人看了一眼,又放了回去。放羊人咽了一口口水,说:“你问吧,我什么都知道。连村东二狗子半夜去找小寡妇我都知道。”

坂田看看四周无人，小声问：“这几天，你们村子里是不是有生人住进村？”放羊人摸着头想了一会，傻呵呵地笑着说：“有，喜旺家刚娶了新媳妇，我还去听房了。嘿嘿。”

坂田拿出一块糖递到放羊人手里，诱导道：“再想想，还有吗？”

放羊人接过糖块，翻来覆去看了看，揭开糖纸，用舌头舔了一下糖块，又重新包上，放进贴身的衣兜里，这才说：“还有一个男人，快死了，抬着进村的。”

“你知道他住在谁家吗？说出来，这些糖块都是你的。”

放羊人说：“当然知道！我还帮着抬人了。”

“那你能带我去吗？我想那个人病了，一定想吃糖。”

放羊人眼睛盯着筐里的糖，嘴里嘟囔着：“可以啊，不过，要晚上才行，我现在要放羊。”坂田高兴地说：“那，咱们一言为定。这些糖你先拿着，晚上你带我去，还有。”说完，两人商量了接头地点，坂田这才挑起货筐子，高高兴兴地回去了。

晚上，坂田来到村外，学了几声猫头鹰的叫声，放羊人从一个草垛子里钻了出来，一挥手，带着坂田向村里摸去。坂田怕有变，悄悄掏出手枪，边走边警惕地观察着四周。还好，因为是初春，春寒料峭，村民都早早熄灯睡觉了，除了几声狗吠，村子里鸦雀无声。放羊人带着坂田左拐右拐，来到一处院子跟前，悄悄推开门，对坂田说：“就在里面。”坂田提着枪慢慢进了院，见东厢房有灯光，慢慢靠近，见窗口有个人影正在看书。坂田想，在这穷乡僻壤，夜里看书的还能是谁？看来，放羊的傻子没说谎，这屋里住的就是中共特派员了。想到这里，坂田掏出匕首，慢慢拨开门闩，一推门进了屋，转身把枪顶在看书人的头上。但他立即愣住了，看书人原来是个草人。坂田心说坏了，刚想出门，就见放羊人扛着一把大铡刀立在门口，坂田赶紧举枪，但他的手臂抬到一半，就觉得眼前寒光一闪，自己的脖子凉了一下……

二、特高课在行动

清晨，一个戴礼帽的人走进鼓楼西边的一家小酒店。因为昨夜刚刚下了一场小雨，店里还没有人，掌柜的正坐在柜台后面拨拉着算盘算账，见有人进来，连忙迎上前："客官好早啊！想吃点什么？"那人迅速扫了一眼四周，确定无人才说："有马蹄烧饼吗？"掌柜的一愣，随即答道："没有，只有包子。""是天津狗不理包子，还是东昌羊肉包？""都不是。无论是天津狗不理还是东昌羊肉包，都是面在外、馅在里，而我们的包子正好相反，是馅在外、面在里。"来人"呵呵"一笑，接着说："你这不是包子，是花卷。"掌柜的也一笑，答道："不是花卷，是馒头掉到馅盆里。"说完，掌柜的一指里间，低声说："请借一步说话。"

来人跟着掌柜的来到里间，还没坐下，就拿下礼帽，在夹层里掏出一张纸，递给掌柜的。掌柜的接过一看，惊喜地说："原来您就是新上任的济南站站长？"来人神色凝重地点点头，说："济南站站长被日本人抓去，处座非常担心这边的地下工作，所以火速从广州把我调回来，接替这个职位。不过，我初来乍到，对这边的情况还不熟悉，还请各位兄弟多多帮忙。"

来人说，他叫季先春，是军统原广州站副站长。半月前，他接到戴笠急电，让他火速到济南上任，因为军统济南站的站长孙辉被日本宪兵抓走了，生死未卜。他这次来，一是打探关押孙辉的具体地点，以实施营救；二是寻找被杀的日本特务坂田的尸体，证实这个特务真的死了。

"坂田是谁？"掌柜的皱着眉头问，"一个日本特务的尸体找来做什么？"

季先春紧咬嘴唇，沉默了一会才说："这个坂田可不简单，是天皇册封的'华北特工之星'，在日本人打石家庄的时候立下赫赫战功。不过，据可靠情报，此人前去南京，路过鲁西，竟然失踪。处座认为，他可能被杀了，至于被谁杀的，尸体藏在哪里，还需进一步证实。处座说，坂田可能死在小刘庄附近。”

“不对啊？”掌柜的赶紧说，“既然是‘华北特工之星’，那手段就该很厉害，在鲁西失踪，有多种可能，为什么处座不认为他又乔装后避开了我们的视线？”

“这你就不用操心了。”季先春正色道，“难道处座还没你聪明？处座耳线众多，既然这么说，一定是有确切情报，不然，不会把这个当成重要任务。好了，这段时间你的主要任务就是打探关于坂田的一切消息，五天后我再过来。”说完，季先春从桌上拿起那张委任状，重新塞回礼帽夹层里，转身匆匆走了。掌柜的不敢怠慢，赶紧叫来一个跑堂的，如此这般嘱咐一遍。跑堂的点点头，回里屋换了身叫花子衣服，又从锅底掏了一把灰，在脸上一抹，拿些草屑往头发里一撒，拿根破竹竿走了。

两天后，跑堂的回来说，打听好了，有个乞丐说，那天他正在一个柴火垛里避风，看到一个货郎走过来，和保长家放羊的二傻子聊了好久，说的没听到，只听到货郎走时说“晚上见”。乞丐还说，那货郎穿得很整齐，不像一般走街串巷的货郎。

掌柜的点点头，让跑堂的继续打探。

五天后，季先春一身长袍马褂走进饭店，高声喊道：“掌柜的，来盘马蹄烧饼。”掌柜的一看，连忙迎上来，客气地说：“呦，这位客官要的好蹊跷，我们没有马蹄烧饼啊。不过，客官要吃也无妨，稍等片刻，我让跑堂的伙计去给您买，您先坐下喝杯茶。”说着，提着茶壶过来，给季先春倒上水，小声说：“可能和保长家放羊的傻子有关。”季先春点点头，说，“晚上我再过来。”

到了晚上，饭店刚要打烊，季先春走了进来，掌柜的忙把他引到里间。掌柜的边倒水边漫不经心地问：“季站长老家哪里？”季先春先是一愣，接着答道:“上海。”掌柜的说:“我听说上海话很好听,季站长说两句给我开开眼。”季先春有点生气地说:“都什么时候了,你还有这闲心?”掌柜的一听,放下茶壶,严肃地说:“季站长,不是我怀疑你的身份,我的手下说,那天你离开后,拐了几个弯,竟然进了鬼子据点,而且哨兵也不阻拦,这,是不是你要解释一下?还有,季站长老家上海,却说一口东北话,这是何道理?据我所知,季站长除了在南方工作,最北边就是现在的鲁西,那怎么会东北话?”

季先春嘴角一撇,抬手将枪顶到掌柜的太阳穴上:“好啊,有点眼力!实话告诉你吧,我是坂田正雄的弟弟,土肥原贤二将军的得意门生坂田一木。听说我哥哥殉国,特从长春赶了过来。正好,你们的站长被我们抓住,这个软骨头,一鞭子没打就投降了我们。所以,我将计就计,借他的身份和你联系,想找到我哥哥的尸体。我本来没想杀你的,是你逼我的。”说着,一扣扳机,掌柜的大叫一声倒了下去。

外面听到枪声,几个跑堂的想冲进来,但被坂田一木一个个撂倒在门槛外。坂田一木冷笑一声,迅速消失在黑暗中。

三、暗夜较量

回到据点,坂田一木将这些天的情况给小野说了一遍。小野说:“你把军统的人杀了,明天可能会有预料不到的变化,既然这样,何不连夜赶到小刘庄,悄悄抓住放羊的傻子,一审不就明白了?”说着,小野叫来一个小队长藤野,命他带人跟着坂田一木火速赶到小刘庄,尽量避开国民党正规部队,不要正面冲突。藤野答应一声,出去了。十分钟后,一小队日军趁着夜色悄悄靠近小刘庄。

伪保长正在呼呼大睡,忽听院里“扑通扑通”,刚想点灯看看发生了什么事,窗口响起一个声音:“开门,我是藤野。”伪保长赶紧爬起来,顾不得穿鞋,打开门，对杀气腾腾的日军说："太君，这么晚了，有什么公干？"藤野看看屋里，除了蜷缩在被窝里瑟瑟发抖的保长老婆，没有别人，才问："那个放羊的傻子呢？""二傻子？太君找他做什么？""八嘎！回答问题！"伪保长吓得油灯差点掉到地上，结结巴巴地说："他……他回茌平老家了……明天回来……"

坂田一木一挥手，转身就走。伪保长赶紧追上一步："太君，你们找二傻子干什么？"藤野看看远去的坂田一木，小声说："他可能杀了坂田大佐的哥哥。明天他回来，你一定要控制住他，逃跑了，拿你是问！"伪保长赶紧点点头，目送日本兵打开大门，扬长而去。

第二天傍晚，坂田一木刚想召集人手去小刘庄，伪保长满头大汗地跑来，说他把傻子灌醉了，捆了起来。坂田一木很高兴，正要带人跟着伪保长走，伪保长说："且慢，我有个请求。"屋里的日本人全看着伪保长，不知他葫芦里卖的什么药。

伪保长战战兢兢地说，他因为帮着日本人做事，已经得罪了共产党游击队，说不定他们正准备要他的脑袋，为了保住这条命，他不想让更多的人知道这件事，所以，他请求只带坂田一木一个人去，带着傻子找到他哥哥的尸体，然后再把傻子带到据点处置。

小野眯着眼问："我们只是想抓住傻子审讯一下，还不确定是不是他杀了坂田大佐……"

"是，就是他。"伪保长献媚道，"刚才喝酒的时候我问了，傻子就是傻子，他承认了，人是他杀的。问他为什么杀死坂田大佐，他说，坂田大佐有很多糖。"

坂田一木一听，转身对小野说："既然如此，我就一个人去。"说完，跟着伪保长来到他家里一看，一个壮汉打着呼噜躺在地上，身上五花大绑。看到仇人，坂田真想掏出枪直接结果了他，但因为要找哥哥的尸首，只好咽下一口怒气，对伪保长说："弄醒他。"伪保长答应一声，到缸里舀来一碗凉水，

“哗”一下泼到醉汉脸上。醉汉一个激灵，睁开了眼。伪保长走上前，踹了一脚醉汉，说：“二傻子，你看，皇军来了，给你糖，快去找找你把那人埋哪里了。”一听有糖，二傻子挣扎着坐起来，低头看看身上的绳子，大喊道：“屁！谁把我绑起来了？”伪保长上去扇了他一个耳光：“还不快滚起来，要找不到尸体，把糖喂猪也不给你！”也许是最后一句话起了作用，二傻子爬起来，摇摇晃晃地往外走，伪保长和坂田一木跟在后面，出了院子。三个人走街串巷，在村西的一个废弃猪圈旁站住了，二傻子冲着猪圈里一努嘴说：“就在这里。”伪保长赶紧跳进猪圈里，在猪粪里扒拉了好久，还真摸到了人的衣服，抓住衣服一拽，一具尸体差点把伪保长吓死。

坂田蹲下来一看，是一具无头尸体，就转身问二傻子：“头呢？”二傻子说：“在那棵桃树下面。”坂田一木看到离猪圈不远，有一棵桃树。就走过去，围着树走了一圈，在一个地方停住了，因为这个地方踩上去软软的。他也不等伪保长了，拔出刀来轻轻地挖了起来，几分钟后，坂田一木放下刀，颤抖着捧起一颗人头，借着月光一看，真的是哥哥。他强忍住悲痛，轻轻擦去哥哥头颅上的泥土，暗暗发誓，一定要把这个傻子凌迟处死。

坂田一木轻轻放下哥哥的头颅，脱下自己的上衣，将头颅包起来，想命令伪保长把尸体背上，带着傻子回据点，一回头，惊见二傻子手握自己放在地上的长刀，正虎视眈眈地望着自己。坂田一木心说不好，上当了，这傻子是装的。他赶紧将哥哥的头颅交到左手，右手去掏枪。就在这时，二傻子嘴里骂着：“小鬼子，找你哥哥去吧！”坂田一木的手刚触到枪套，就见白光一闪，自己的脖子凉了一下……

坂田猜对了，二傻子并不傻，他叫秦军强，是八路军的侦察班长，这些日子，他在伪保长的掩护下，以傻子的身份，多次去据点送羊，并傻呵呵地在据点里来回走动，其实他是在侦查据点的火力配置。那天碰到坂田正雄装扮的货郎，他就怀疑他的身份。因为真正的货郎不会穿得那么整齐。果然，坂田正雄见他是傻子，拿出糖块引诱他上钩时，他看到了糖纸上的日文。那时，兵荒马乱的，就是有糖厂也早关门了，坂田正雄找不到合适的糖块，只好拿了些日本产的糖块，没想到，他这个天皇册封的“华北特工之星”竟死得这么窝囊。

这时伪保长也从猪圈里爬了出来，捡起地上的绳子递给秦军强，说：“快，把我绑起来，扔到猪圈里！”秦军强说：“不行，我看咱俩还是跑吧，这里不安全了。”伪保长说：“不行，我好不容易取得小野的信任，这么走了太不划算。不要管我，你把我绑起来后就走吧，再找个新的落脚点。”秦军强想了想，一跺脚，把刀往地上一扔，拿过绳子，将伪保长绑了起来。伪保长笑着说：“绑我就要真绑了，别让小野看出来。”

秦军强将伪保长绑好，又放进猪圈，这才含泪转身离开。伪保长说：“秦班长，告诉同志们，特派员已经转移到安全地点，不用牵挂……”见秦军强走远了，伪保长又等了一会儿才声嘶力竭地大喊道：“来人啊……不好了……杀人了……”

第二辑

爱情花

第二辑

手语爱情

徐键是一家知名电脑公司的工程师，工作之余喜欢玩微博。有一天，他看见很多人在围观一条“爱的时尚”的微博，便饶有兴致地加了进去。有的说是iphone6手机，有的说是iPad电脑，还有的干脆说是房子，只有一个人写了长长的一句充满文艺腔的话：“爱，是很奇妙的东西，不用听，不用说，不用被翻译，就能感觉到。”

徐键的心忽地一震，没想到现在还有如此纯净深情的人。他很快查到对方是本城的女孩，便主动加她的QQ，谁知对方一直没有回应。他不禁自嘲，矜持的自己何时也变得这么鲁莽了。

过了几天，公司组织去观看表演。等到了目的地，才知是一所特殊人士服务中心，里面是清一色的聋哑者。徐键生平第一次观看到如此温暖感人的画面，在无声的世界里，演员们用灵活自如的手语演绎出一段段精彩的舞蹈和韵律操，甚至还有魔术。他们神态平和，脸上充满了纯净和快乐的微笑。那些美妙的身体语言，在不经意间传递着一种积极的励志信念。压轴节目是诗朗诵，表演者是个叫叶小萌的清秀少女，短发大眼，亭亭玉立。只见她熟练地用手语“朗诵”《游子吟》，那变幻翻飞的手势和端庄温婉的表情极具感染力，仿佛把母爱植入了每个观众的心灵，台下掌声雷动。结束时，公司老总慷慨地给服务中心捐赠了30台新款平板电脑。

徐键被叶小萌深深地吸引住了，好一个兰心蕙质的女孩！看着她清澈的眼睛，看着她无声的表演，徐键仿佛置身于宁静的山林，春光明媚，鸟语花香，一种从未有过的柔情潜滋暗长起来。趁着安装电脑的空当，他红着脸胡乱比划着请她留个QQ号以便日后联系。叶小萌愣了一下，深深地望了他一眼，随即用右手指了指嘴又用左手指了指耳朵，然后飞快地在纸上写了个号码递给他。徐键扫了一眼，心剧烈地跳了起来，竟然正是微博上那个文艺女孩！

两人很快在QQ上亲近起来。两人同龄，而且都热爱户外运动，像单车、登山和溯溪（所谓溯溪，是沿着溪流的下游向上游攀登的一项探险活动）都是闲暇的最爱。两人越聊越投机，相识恨晚。徐键还发现叶小萌是个特别善良、特别有爱心的人，自幼丧父，和母亲相依为命，还长年资助一位贫困山区的儿童上学。日子一长，徐键发现自己早已在不知不觉中爱上了叶小萌。虽然她不会说话，但她比一般的姑娘更加善解人意，和她在一起有一种沉醉的感觉，这大概就是叶小萌在微博中曾说的"不用听，不用说"的那种爱的感觉吧。

当徐键暗示进一步发展关系时，没想到叶小萌反应很冷淡，逼得急了，她敲出一行字：你连手语都不会，我们如何相处？

徐键吃了一惊，是啊，自己怎么就没想到学手语呢？手语也是人与人沟通的一种方式，而且更加生动形象。徐键下定决心后，不声不响地报了个手语班。因为他特别用心，几个月学下来已经能用手语做普通交流了。一个星期日的下午，徐键准备了99朵玫瑰花，约叶小萌见面，向她求爱。

当徐键满怀期待兴冲冲地来到服务中心接叶小萌时，刚好见到她从一部黑色奔驰车下来，正想迎上去，忽然看见叶小萌伸出右手，拍了拍自己，然后缓缓伸出右手小指、食指和拇指，再指指车内的人，而车内的人也马上做出了同样的手势。徐键的脑子顿时嗡嗡作响，仿佛跌入冰窖之中。他知道这种手语表示“我爱你”，而车内坐着的那个气宇轩昂的男人正是他公司的老总。老总离异多年，一直单身，现在居然……联想起他那么慷慨地给服务中心捐赠电脑，徐键一下子全明白了。

徐键心灰意冷，关了手机，把玫瑰花尽数送给看门的阿婆，回到了公司。恰好有个同事请假，他便顶了班。办公室空荡荡的，徐键的心一点点痛起来。正发着呆，网上有个在线客户服务的窗口突然跳动起来，原来有位用户的家庭电脑出现故障，要求公司派人上门服务。徐键立刻按地址找到用户家，他刚拨通对方电话，防盗门就打开了，里面出来一位中年女子。徐键礼貌地打了声招呼后，就开始询问故障情况。不料，中年女子居然有点不好意思地和他打起了手语，原来她是个聋哑人！徐键大吃一惊，定了定神，凭着这几个月的手语学习，总算明白了对方的意思。他熟练地打着手语解释原因，在对方惊讶的眼神中，徐键忙活了一个多小时总算把电脑修好了。

离开客户家，徐键的心情愉快了许多，想不到为了追求叶小萌而学的手语派上了用场，看来真是技多不压身啊。

没多久，徐键因为工作出色升了部门经理。当时竞争十分激烈，但老总列举中年女子的事件时，大家都服了。那天，中年女子的电脑里有份重要文件差点丢失了，幸亏徐键及时赶去修好了电脑。后来，她专门在网上发了个感谢帖，给公司的形象加了不少分。确实，在服务特殊客户的能力方面还没人比徐键强。

徐键拉黑了叶小萌的QQ，把自己的情感埋藏起来。他从心底祝福美丽善良的姑娘能有个好归宿，因为他觉得老总也是个正直可靠的人。

有一天，徐键开车回家途中，在一个路口等红灯，忽然左边有人在敲打车窗，在他转身的刹那，从右边车窗外蓦地伸进来一只手，抓起他放在座椅上的皮包就跑。遭抢劫了！徐键气愤不已，飞快地跳下车追了上去。想当年，他还是校田径队的主力呢。眼看越追越近，在一个商店门口，那人突然转身，手上陡地多了把明晃晃的刀。在徐键发呆的片刻，歹徒把刀架在了他的脖子上。路人一下子围了上来，歹徒也不言语，情绪激动地发出"哎哎呀呀"声。"哑巴！"有人窃窃私语。警察很快接到报警电话赶了过来，还带了个女"翻译"。徐键瞅了一眼，竟然是叶小萌，还是那么苗条清纯，大眼睛里是掩饰不住的关切和焦虑。徐键心头一热，甜丝丝的，一时间忘记了恐惧。

有个警察和叶小萌耳语了一番，她便开始与歹徒用手语对话，看得出来，她很有经验。哑巴的情绪渐渐缓和起来。原来，哑巴没有亲人，也找不上工作，还经常受到别人的欺负和歧视。今天，由于身无分文，又受了别人的怂恿，一念之差就抢了徐键的包。通过叶小萌的翻译和心理疏导，哑巴和警察之间渐渐消除了敌意和隔阂，最终，哑巴放了徐键，缴械自首。

人群散了，只剩下徐键和叶小萌。徐键刚用手语说了声"谢谢"，叶小萌忽然眼圈一红，别过了头。徐键想起自己拉黑她的QQ本是不妥，便又做了个"对不起"的手语。

"笨蛋！"

徐键耳边传来甜甜的女孩声音。他不可置信地望着叶小萌，声音正是从她小巧的嘴唇里发出来的。原来她不聋不哑还会说话！

徐键云里雾里，丈二和尚摸不着头脑，傻傻地问道："你以前为什么不会说话？你不是只会手语吗？"叶小萌调皮地眨了眨大眼睛，说："第一次遇见你那天我正好患了严重的咽喉炎，一星期说不了话。另外，我是助残志愿者，当然会手语了。"

徐键恍然大悟，叶小萌确实从来没说过自己聋或哑，是他想当然把她当成了特殊人士。太不可思议了！他想了想，又接着问："那你为什么说我不会手语就无法相处呢？"叶小萌脸上忽地飞起一片红云："因为我妈是聋哑啊，我怕你无法与她相处……”

聪明的徐键听出了弦外之音，激动地紧紧拉着叶小萌的手，有种梦般的感觉。他刚想吻她，突然停下来，有点伤感地喃喃道：“那你和我们老总之间……”叶小萌挣脱他的手，哈哈大笑起来，好像听到天大的笑话似的。等笑够了，她告诉徐键，老总与她妈是青梅竹马的恋人，后来因为世俗的偏见，两人未能结合。现在两人都单身了，又重新找回了以前的感觉。

“我感谢他真心对妈妈好，他感谢我能理解他俩的感情，所以我们才做了那个手语。在手语世界里，‘我爱你’应用范围很广，经常用来互相激励，而不仅仅用在男女之间。守门的阿婆说你扔下玫瑰花就跑了，我就猜你误会了……我当时也挺恨你的，事情没弄清楚就关手机，不理人，对人家一点不信任……”

徐键深情无限地望着叶小萌，霸道地说：“以后，只准对我一个人说‘我爱你’。”叶小萌顿时羞红了脸。

后来，徐键才知：那个中年女子正是叶小萌的妈妈，自己那次出色的客户服务早已收买了未来岳母的心。

顺其自然

婉晴与大林因房子问题争吵,继而冷战,分手。她一气之下在微博发了个征婚帖子,没想到引来跟帖无数。不久,她与一名帅哥热火朝天地谈起恋爱来,几个月下来,已经到了谈婚论嫁的地步。母亲没有发表任何意见,年前,像往常一样和她去买年橘。

花摊上各种花儿争妍斗艳,灿烂缤纷。唯独她们喜欢的年橘卖相欠佳,橘果不仅个头小,而且颜色泛青,没有往年那种金黄饱满的喜庆劲。据摊主说,今年冬天特别冷,影响了年橘的生长速度。

婉晴失望之余,沿着花街逐一寻觅,终于找到了一处挂着金黄硕大果实的年橘摊儿。虽然价格不菲,她还是咬咬牙买了一盆。母亲无奈地笑了笑,说:“太贵了,再买盆小果的吧。”按照惯例,家里每年买两盆年橘,喻义“吉(橘)祥如意,大吉大利”。

于是,精致漂亮的那盆摆在客厅最显眼处,瘦小青黄的则放在客厅的角落里。没想到,一周后,漂亮的那盆迅速地枯萎了,瘦小的反倒日渐生机勃勃起来。

婉晴疑惑地询问母亲。母亲淡淡地说:“在这么寒冷的天气里还能结出饱满光鲜的橘果，肯定是喷了大量的生长素、激素和保鲜剂，违背了生长规律的年橘肯定是养不活的。”

婉晴听得呆住了。

母亲久久地凝视着婉晴，缓缓说道：“爱情和婚姻也是如此。”

婉晴忽地掩面而泣。

是的，30岁后，她越来越迫切地想把自己嫁出去。现在的男友仅仅是经济条件还不错，性格和爱好都和她相差甚远，更无从谈相知相爱了。

母亲接着说：“大林这些天都在找你，你的心里也没有放下他。感情就像年橘，顺其自然吧。”

试 衣 镜

兰玉以前是学校出名的美女，身材婀娜，经常在教育系统的文艺演出中赢得奖项。但自从生完孩子，她就像充气娃娃，一天天胖起来，学校的演出再也轮不到她了。从同事们不再羡慕的眼神中，兰玉感到深深的失落。她绞尽脑汁去减肥，无奈她的肥胖是由内分泌紊乱造成的，各种速成的减肥方法都不适用，她的脸色倒是被折腾得日渐暗黄。

有一天，兰玉和老公志杰逛街，好不容易买到几件漂亮的大码衣服。回家试穿，当试衣镜里出现一个壮硕的身影时，兰玉突然大哭起来，狠狠地将衣服朝镜子扔去。只听“当”的一声，镜子碎了，原来是衣服上的金属纽扣打破了镜子。志杰默默地收拾满地碎片，给兰玉拿来毛巾，并端来一杯热茶。等兰玉平静下来，志杰轻声说：“以后你少照点镜子，好不好？等过段时间有成效了，再照个够。”兰玉泄气地说：“以后我不照镜子了，再照也是这副熊样。”志杰笑着摇摇头。

两人像是有默契似的，试衣镜迟迟没换上新的。志杰每天拉着兰玉去跑步，没了镜子的干扰，兰玉开朗多了，气色也红润起来。这天晚上，志杰不在家，兰玉忍不住又想照镜子。她走到试衣间，有一面崭新别致的镜子立在那里,肯定是志杰偷偷买的。她忐忑不安地向镜子望去,咦,镜中的自己似乎没那么难看了,修长的身材,洁白的皮肤,还是挺有魅力的。兰玉一下子自信起来。

接下来的日子,兰玉果真按志杰说的,隔上一段时间才照照镜子。她一天天地快乐起来了,同事和朋友都说她变得比以前可爱了。元旦文艺汇演,兰玉指导的歌舞剧表演夺得了市一等奖。庆功宴后,有位喝醉酒的闺蜜到她家歇息。闺蜜看到试衣镜的第一眼就嚷起来:“这镜子谁买的呀?”兰玉不解地答道:“志杰呀。”闺蜜从头到脚打量了兰玉一番,说:“志杰真是个好男人,用心良苦啊。”

原来,志杰买的试衣镜其实是凹凸幅度较小的曲面镜,镜面略微凹进点幅度,照镜子的人就显得修长,一般人根本看不出其中的玄机。闺蜜以前经营过服装店,才知道当中奥妙。这种镜子也称作美丽的谎言。

兰玉呆住了。

闺蜜又指着壁灯说:“你看,这黄色的灯光也可以柔和脸部肌肤,让人看上去显得柔美。”兰玉这才发现壁灯也换过了。

世上原来真的有魔镜,那便是爱。

渔场情事

熊美女从生态鱼庄出来,踏上了回乡镇的路。她是选派到这个村的大学生村官,每晚都会回镇上的家里去住。

她正走着,迎面来了一辆三轮摩托车,在她面前停了下来。驾驶员跳下车,向她鞠了一躬:“小鱼参见熊长大人。”

她一看,这不是老同学小余吗?他俩小学、初中和高中都是同班同学,因为她做了十二年的班长,结果小余把“熊班长”简称成了“熊长”。于是,她也就称呼他是“小鱼”。高中毕业后四年不见,这条小鱼是越发的帅气了。

熊长心里忽然觉得不是滋味。在临高考前,两人本来约定在清华大学会师的,结果小鱼在毕业典礼那晚和人斗殴,被拘留了半个月,被取消了录取的资格。她笑笑:“小鱼,还记得这个称呼啊?对了,你这是……”

小鱼伸手一指,颇有指点江山的风度:“这几块鱼塘都是我承包的啊。你来做了村官,以后要吃鱼钓鱼啥的,尽管来找我。我的地盘,你做主。呵呵。”

他忽然跳上车,启动三轮车飞快地开走了。车子速度很快,差点撞到一个行人。那人一吓,一下子踩进了路边的水坑里。来人是前任老支书的少爷,大家都叫他龙少爷,现在是村里的会计,和她也是高中的校友。

龙少爷骂骂咧咧地来到熊长身边,递给她一把太阳伞。原来刚才熊长走得急,把伞落在办公室了。龙少爷对熊长说:“这小子是刁民,你可要提防着一点。”

熊长不置可否地笑了笑。她和小鱼同窗十二年,知道他机灵捣蛋,本质不坏,两人在高三还早恋了两个月呢。龙少爷回头,向着远去的摩托车吐了一口唾沫。

忽然,龙少爷狐疑地对熊长说:“你刚才注意到没?这小子的货箱里除了鱼饲料,还有两个柴油桶。他拿柴油来干吗?”

熊长对养鱼可是外行,不好发表意见。眼看天色不早,连忙向龙少爷告辞。

一连几天,熊长都到小鱼的渔场参观。这个村地处平原,河塘较多,许多村民都成了养鱼专业户。听说小鱼虽然入行最晚,但是他现在的规模最大。按理,现在的鱼苗、鱼饲料、人工、销售等环节的价格都非常透明,他小鱼怎么把利润做得更可观呢?

面对熊长的疑惑,小鱼乐了,问:“你知道灌水猪吗?我的鱼儿也被我灌水了啊。一条鱼,我要灌进大约二两的水——你说,能不赚钱吗?”

灌水鱼?熊长脑袋转了几圈才反应过来,这小子又在拿自己寻开心呢。两人在塘边的草地上聊着,清风暖阳,几度让熊长以为回到高三那两个月的早恋时光。

忽然,熊长的手机铃声响了起来,原来是龙少爷叫她马上回村办公室去。她向小鱼告辞的时候,小鱼夸张地唱起了歌:“狼泡上了羊,泡得疯狂……”

熊长到了办公室,只见龙少爷正坐在电脑前,流窜于各个开心农场偷菜,看她来了就切换了桌面。里面的一个百度信息让她大吃一惊。原来,如果往鱼塘里加了些柴油，不但能刺激鱼的血液循环，让鱼延长寿命，活蹦乱跳，还能增加鱼的重量。

这鱼塘里倒进了柴油，人要是吃了这些鱼会怎么样呢？龙少爷点开了下一条，上面写着：“人吸食少量柴油就会出现呕吐、头晕症状，严重的还会导致休克死亡。”

熊长难以把机灵、阳光的小鱼和黑心养殖户联系在一起。龙少爷鄙视地说：“这小子能发财致富，原来在走邪门歪道。熊长，我们得拍死他！对了，你可不能徇私舞弊哈。”熊长觉得脑袋里面被灌进了一锅糨糊，晕乎乎的，不由自主地点点头。

接下来的几天，熊长去渔场找小鱼唠嗑的时候，都会留心观察一番，可是她在渔场没有发现那两个柴油桶的踪迹。中午到了，熊长心不在焉，一条鱼也没钓上来。

小鱼在看守棚里做好了饭菜，其中有他的拿手菜。他把鱼的腹部剖开，然后把鱼平摊在盘子里，再加上调料放进锅里清蒸。因为鱼的眼睛都在一面，所以小鱼美其名曰“比目鱼”。

小鱼用筷子敲着鱼头，说：“熊长，我出个对联你对吧。上联是：比目鱼。”

熊长小鱼脑袋，说：“这还不简单。下联是：四眼狗！”

小鱼扶了扶眼镜，夸张地哈哈大笑，摇头说：“不对不对。应该是：独角兽。你看，关键在‘比’对‘独’，都是隐含数词，你对‘四眼狗’就不行。”

熊长点点头，说：“呵呵，四眼狗，对不起……哦，对了，你这鱼不会是你自己渔场的吧？”

小鱼夹起一块鱼肚肉，放进熊长的碗里，然后自己也夹了一块放进嘴里津津有味地吃起来。然后说：“是啊，我渔场的鱼，绝对原生态的、环保的、绿色的……”

熊长忍住没有把嘴里的饭菜喷出来。刚才这个对联的游戏,实际上是四年前的翻版。现在重演一遍,两人竟然都能够心有灵犀地重现。自己在大学的恋爱一直没有成功,难道这小鱼真的一直潜伏在自己心海深处,现在又搅动了一池春水?

第二天,她刚进办公室,龙少爷又把她拉到了电脑前。这次她看见的是一段视频录像,画面上是皎洁的月光,一个人挑着一担东西往鱼塘方向走,半小时后又挑着担子返回去了。

龙少爷说,这是他在办公室墙上安装的一个摄像头,对着小鱼的渔场。昨晚的监控可以看出来,小鱼在十点钟左右挑着两个柴油桶来到渔场,忙活了半小时。怪不得,自己在渔场的看守棚里没有发现线索,原来小鱼的所作所为真的是见不得光啊!他自己吃的鱼,是原生态的、环保的、绿色的,可能是他专门喂养吧。

龙少爷看着熊长,说:“我们报警吧!这小子,四年前被拘留还不思悔改!这次逮着,整死他!”

熊长摆摆手,说:“我们先向村支书和村主任汇报一下吧。还有,我们得有确凿的证据。”

下午没事,熊长不由自主地又来到了小鱼的渔场。唠嗑不久,熊长下定决心问起了小鱼四年前被拘留的原因。她不明白,在等待高考成绩那段时间里,小鱼为什么会去打架斗殴,结果被拘留,丧失了被录取的资格。

小鱼深深看了熊长一眼,说:“你要听真相?”

熊长点点头。

四年前,同学们刚刚高考结束,纷纷邀约去联欢,喝酒唱歌,玩得不亦乐乎。小鱼和同学们分手后回寝室,在路上听见两三个男生说刚才有个女生因为急事连夜赶回家,他们准备赶上去轻薄她一番。于是,他忍不住就赶过去制止,就打了起来。

熊长睁大眼睛:“那晚,我就是因为急事赶回家啊。第二天就到省城去了……不会是我吧?”

小鱼点点头,说:“就是你。你知道那个为首的男生是谁吗?就是龙少爷!他被我打得有点狠,于是他爸爸就报复我,找人借口取消了我的升学资格。”

熊长怔了一下,半晌说不出话来。

小鱼笑笑说:“塞翁失马,焉知非福?中国少了一个平凡的大学生,可是我们村多了一个超级养鱼专家。哈哈。你现在是我们的干部,你可得为百姓造福哦。”

熊长微笑了一下,说:“我们都凭良心做事吧。”

几天后,小鱼因为在鱼塘里倾倒大量柴油,涉嫌危害食品安全罪被公安机关抓去了。在现场搜到装了柴油的两个油桶,在鱼塘里发现大量残存的柴油。

熊长对小鱼大失所望,但还是忍不住去拘留所看望了他一下。小鱼对她说了一句话:“你相信我,我不会做这类昧心事的。有人陷害我!”

熊长灵机一动,飞快地赶回村办公室,打开了摄像头的监控记录。可是,事发当晚的监控记录一片空白,被人删除了。能把小鱼置于死地的铁证怎么会没有了呢?她立即向公安机关说出了自己的疑惑,并要求对遗留现场的柴油桶做痕迹鉴定。原来是龙少爷捣的鬼!

小鱼从拘留所出来,两人来到渔场的草地上,静静地享受着阳光带来的温暖。

熊长拉着小鱼的手说:“你用其他桶装你的绝密配方鱼饲料行不?用柴油桶,差点弄出大事!”

小鱼哈哈一乐,说:“我怎么知道龙少爷会动歪脑筋?不过也好,这下子他自己被套进去了。不然,我一个老百姓敢和领导抢女朋友?耶!”

熊长一指两人，说："小鱼，我所欲也；熊长，你所欲也！现在，鱼和熊掌可以兼得也……"

在笑声中，两条鱼蹿出水面，划破了静静的水面。

用“富二代”的方式说爱你

一

网上有一个问题，说一个脑残的“富二代”和一个聪明的“屌丝”，你嫁哪一个？结果，回答千差万别，原因更是匪夷所思。其中一个网名叫宫粉紫荆的女孩子留言，痛斥她见过的脑残富二代。别人问她怎么认识这么多富二代，宫粉紫荆说：本姑娘倾太阳系倾宇宙，自然追求者如过江之鲫啦。

看到这里，江城笑了。江城就是富二代，大学没毕业，就有豪车两部，再加上小伙子长得也帅，整天主动搭讪的学姐学妹数不胜数。不过，江城知道，就自己一米六八的身高，要不是自己的老爹有钱，那些美女会不会看他第二眼，都不好说。所以，大学三年，他成了不谈恋爱的标兵，这多多少少让那些平常家庭出来的大学生心理平衡一点。

可今天，江城动心了。他加了宫粉紫荆的QQ，进她空间一看，确实吃了一惊。宫粉紫荆超凡脱俗的美貌，让江城心跳加速。原来，自己不是不想恋爱，而是没碰到心动的啊。

江城随之展开了猛烈的攻势。

这样的社会,想“人肉”一个人真是太容易了。几天后的一个周末,江城已经手捧一束鲜花站在了宫粉紫荆的宿舍门前。待他报上自己的姓名,宫粉紫荆接过鲜花插进花瓶,头也不回地说:“谢谢你的花。你可以走了。对了,不管是谁,我只收一次花……你明白吗?”江城笑着说:“明白。”说完,转身下楼,开着自己的车离开校园。他听到楼上一声惊呼:“天哪,粉粉,是个高富帅耶!”江城微微一笑,一踩油门,车子冲出校门。

下一个周末,当江城开着另一部红色的法拉利出现在校园时,一个美女立即靠上来,跟他打着招呼。江城笑了一下,转身上楼,第二次来到宫粉紫荆的宿舍门前。同宿舍的闺密见宫粉紫荆看了一眼江城,继续玩他的游戏,都急了,一个说:“粉粉,你往窗下看看那部车……”一个夸张地说:“粉粉,让我坐坐你的车吧,只一秒就行。”

宫粉紫荆皱着眉头喊道:“你们烦不烦啊!不是平时都想高富帅吗?这不来了一位‘矮富帅’吗,上啊!”

就这一句,那些唧唧喳喳的同学全闭嘴了,尴尬地望着江城。江城笑了,说:“是啊,我今天就是来请大家去看演出的。”说着,手里变戏法一样多出六张周杰伦演唱会的票。一个女同学冲上去,先抢下一张,左看右看正看反看,这才惊呼道:“哇,是真的耶!”

这下,宿舍里沸腾了。要知道,这次周杰伦来开演唱会,最便宜的票还五百,这让大学生们望票兴叹。现在好了,江城真是雪中送炭啊!

同学们一哄而上,把票抢到手里,仿佛一愣神票就会化为乌有一样。

看着手里仅剩的一张票,江城问旁若无人的宫粉紫荆:“粉粉同学,难道你不想去吗?”宫粉紫荆还没说话,两个同学一使眼色,上前架起她就走。宫粉紫荆边挣扎边喊道:“干什么,你们这帮叛徒!”那个架着她右手的胖胖的同学说:“我是叛徒,回来你枪毙我都行。不过,这次得罪了。你不去他还会请我们?鬼才信!”江城愣在那里了,他没想到会是这样。其余几个女同学一拉江城，小声说："帅哥，走啊！发什么呆。"

一行人浩浩荡荡来到楼下，宫粉紫荆不再挣扎了，因为好多同学往这边看。

二

这以后，江城经常变着法子来找宫粉紫荆，但宫粉紫荆好像一块石头，无论如何都不答应与江城恋爱。这天，两人在海边散步，江城忍不住问："你是不是心里早就有人了？"宫粉紫荆摇摇头。

"那你为什么不答应我？难道仅仅因为我长得矮？"

"你误会了。"宫粉紫荆看看波涛汹涌的海面，叹了口气说，"我们中国有句老话'富不过三代'，你知道什么意思吗？"

"当然知道。不就是被败家子把家给败坏了嘛！"江城不服气地说，"可你也不能因为一片叶子被虫子咬了，就否定整片森林吧？"

"好啊，那你说，你现在除了会花你爸的钱，还会什么？你拿出点让我服气的东西来，我就答应和你恋爱。"

这下，江城呆住了。是啊，如果不拼爹，自己长处在哪里？宫粉紫荆说得对，如果自己没本事，老爸给自己的钱总会花完。可转念一想，自己为什么不利用自己的身份，用独特的方法证明一下自己呢。

想到这里，江城忽然有了主意。他打了一个电话，半个小时后，一艘快艇由远而近，在他们不远处停了下来。江城一指快艇说："上去吧，一会儿我告诉你怎么证明。"说着，先跳上去，又伸手来拉宫粉紫荆。宫粉紫荆犹豫了一下，还是上了快艇。驾驶快艇的男人说了句："坐好了。"一加油门，快艇飞速向远处驶去。

两个小时后，快艇停在一个小岛边上。待两人上了岸，江城四下望望，自言自语地说:“嗯,就是它。”宫粉紫荆问:“你自己瞎嘟囔什么玩意?”江城笑了:“你不是让我证明一下吗? 我想了一下,就用这个小岛来证明吧。你看,这个小岛是荒岛,我想把它开发成旅游岛。但这里离海岸较远,我想把小岛挪到靠近海岸那边。”

“吹牛吧? 你以为这是泡沫做的,可以随便移动?”宫粉紫荆撇着嘴,美丽的大眼睛斜视着他。

“现在不讨论可行性,只说结果。”江城笑得很坦然,似乎胸有成竹,“现在开始,我就用这个小岛来证实,我不是坑爹的富二代,是有所作为的。”宫粉紫荆看着江城不像开玩笑,只好说:“好吧。如果这个小岛真的移动了,哪怕移动不到海边,我也认输。”说完两人击掌为誓。

三

一晃一年过去了。因为离毕业越来越近,宫粉紫荆忙着整理论文,早就把江城的移岛计划抛到火星上去了。这期间,江城也不是每周都来找她,有时一个多月不来。这人啊就是奇怪,如果有人天天来找你,你可能烦了;但好长时间不来,又会想念。宫粉紫荆也是这样。这天,她无意中看看台历,江城竟然二十多天没来找她了,中间除了发过几个问候短信,连电话都没有。宫粉紫荆忍不住跑到江城的学校打听,江城的同学告诉她,江城请了一个月的假,不知神神秘秘在搞什么。

就在这时,手机响了一下,提示来微信了。宫粉紫荆打开手机一看,是江城发来的照片。照片上,江城穿着潜水衣,好像在那个小岛上。

这下,宫粉紫荆释然了。原来江城去学潜水了。她苦笑了一下,打车回了学校。她觉得,江城当时不过是吹牛而已,现在居然请假去学潜水了。宫粉紫荆随即在微博上发了一句话:富二代的话就像气球,飞得越高,炸得越碎。

谁知,几分钟后,江城在后边回复道:那就不让气球飞。

宫粉紫荆看着看着,无奈地笑了。

又过了一个多月,江城开车来到宫粉紫荆的学校,带着她来到海边。这次,江城没用快艇驾驶员,自己驾驶着快艇冲进海里。一个小时后,江城指着越来越近的小岛大声说:“看到了吗?那个小岛移动了。”说话间,快艇已经慢慢停在小岛边。

刚一上岛,宫粉紫荆就笑了,说:“江城,我想你就是骗我的。你看,这个小岛根本就不是那个小岛,你看中间还有海峡,原来那个可是一个石头疙瘩。”江城不好意思地摸摸头,说:“不好意思,岛是那个岛,只不过移动过程中出了点纰漏,就成这样子了。”宫粉紫荆鄙夷地说:“江城,本来我以为,我们即使不能成为男女朋友,也可以成为一般朋友。但现在看,你让我失望了。”

一听这话,江城眉头皱了起来,但很快,他轻叹了一口气,说:“罢了,既然你这么想,我也没有办法。但我再说一遍,做人不能这样言而无信,我已经做到了,你就这么食言了?”

宫粉紫荆也生气了:“难道你把两个一点都不一样的小岛指给我看,我就这么相信?你别忘了,我也是大学生,我在地理上学过,这片海域像这样的珊瑚岛有几百个……”

话不投机,再说下去也不会有结果。江城只好双手一摊,无奈地说:“算了,信不信由你……我们回去吧。”

四

宫粉紫荆闷闷不乐地回到学校,好几天还为这事生气。这几天,江城也没联系她，她觉得，这段因网络产生的感情戏该谢幕了。

谁知，就在宫粉紫荆胡思乱想之时，网上铺天盖地的“小岛漂移”新闻塞满了他的眼睛。当然，江城是这个新闻的主角，他一次次接受新闻记者的采访，讲述小岛是怎么漂移的。

江城说，他是海洋科技专业，平时就爱浏览一些关于海洋的网上新闻。一天，他无意中看到，在澳大利亚东北部有一片浩渺平静的辽阔海域，因为其中分布着难以计数的大大小小的珊瑚岛礁，所以被人们称为珊瑚海。21世纪初，一位叫吉姆斯的富商通过悉尼一家海洋开发公司购买了珊瑚海中一座不知名小岛的产权。想在上面建一处海景庄园，谁知，因为家里有事，吉姆斯不得不停下工程，带人离开。但两年后再回到岛上，却发现小岛中央的铁牌虽然存在，但是原先留在周围的钢桩都不翼而飞。众人凭着记忆，感觉沃伦岛的面积比两年前小了许多，吉姆斯叫人仔细测量后，得出的数据显示如今的小岛只有1平方公里，足足少了一半。吉姆斯惶惑之余，沿着小岛周围察看起来。令他更惊诧的是，生长在西南海岸边的那一小片椰林也消失得无影无踪。小岛为何无缘无故变小了呢？

后来，悉尼海洋大学的马丁教授和年轻的助手维克，带着最先进的潜水设备登上沃伦岛后，经过深海潜水终于找到了答案。原来，一种属于海星家族近亲的怪鱼，害怕阳光，主要生活在黑暗的深海区，只有夜间才偶尔成群结队地游到海面上活动。这种怪鱼食量大得惊人，尤其在它们繁殖期的夏季，需要连续不断地进食，但它们只嗜食一种物质——珊瑚石，其体内能分泌一种黏液，可以将珊瑚石弄软后大口大口地吞下。过着群居生活的它们汇聚到一起后，就把沃伦岛的珊瑚礁自下而上进行了吞噬，终于使岛屿从周围开始不断向内部缩小，直至与底基完全分离。

宫粉紫荆这才知道，这个小伙子为了用独特的方式表达自己的爱情，不仅说服父亲“毁掉”这个巨资购买的小岛，还通过父亲的朋友，从澳大利亚海域购买了几万尾这样的怪鱼，放到小岛周围。早在几年前，江城就听喜欢潜水的叔叔说，这个小岛下面不是实体的，而是树林子一样的珊瑚礁，这样，就为“小岛漂移”计划增加了胜算。因为如果是实体的，就算怪鱼一直在吃，可能几十年都吃不完；而现在就简单多了，几万怪鱼不断地繁衍、吞噬小岛下面的珊瑚礁，几年就能成功。

也该江城运气好，不到一年，摇摇欲坠的小岛就在一次地震中脱离了底基，慢慢在海中移动……

看到这里，宫粉紫荆正想该不该联系江城道歉，有人敲门。开门一看，江城站在门口，见她出来，笑着说：“我知道，你只接收某个人一次鲜花，所以我这才带来了……”随着江城的手从身后转出来，慢慢扬起，宫粉紫荆看到一枚钻戒，在自己眼前晃动。但是，宫粉紫荆严肃地说：“对不起，我真要食言了，虽然你真的做到了。那个小岛虽然小，但也是一个岛啊，几百年站在那里，你用这样的方法让他成了海上的浮萍，你不觉得这样很残忍吗？还有，你口口声声说要证明‘富二代’不是败家子，而你这个行为又算什么？”

江城呆了，不知道该说些什么。

美丽蛛网衣

紫雯又和男友吴伟吵架了。一气之下，紫雯背上行囊前往云南散心。

她和吴伟交往了两年，感情虽不咸不淡，但吴伟经济基础好，为人踏实，紫雯的父母很满意，便催着两人结婚。谁知吴伟突然提出要婚前财产公证，理由是他的各类财产较多。紫雯非常寒心，她不贪财，但接受不了太实际的婚姻法则。

紫雯在云南的哀牢山脚下租了一处村民的房子，白天闲逛，晚上则看书，听音乐。离开城市的喧嚣，日子如泉水般清新宜人。吴伟开始来了几个电话，后来也渐渐少了。

这天，刚下了场暴雨，碧空如洗，一花一木都美得可以入画。紫雯抓起相机兴奋地准备上山玩。刚出门，一个熟悉的声音传来："小蚊子！"

紫雯惊喜交加，只见一个俊朗的男青年正笑吟吟地走来，原来是大学同学龚小武。紫雯乐了："小蜈蚣，这么巧啊？"两人同窗四年，"小蚊子"和"小蜈蚣"是他俩的昵称。

龚小武说："这里是我的家乡。昨天我在集市上看见一个女孩的背影特别像你，就打听着找到了这里。"顿了顿，他又深深地望着紫雯："你还是那么甜美，亭亭玉立，一点没变。”

紫雯低下头，心潮澎湃。大学时，龚小武是个内向、害羞的男孩，两人虽互生情愫却一直没有表白。后来龚小武迷上了养蜘蛛，而紫雯却是见到蜘蛛就会吓得尖叫而逃，两人因此有了隔阂，有一次还因紫雯不小心踩死了他的一只宝贝蜘蛛而赌气闹翻。毕业后，紫雯留在城市，龚小武则返回家乡，两人失去了联络。想到这，紫雯的心莫名地痛了一下。

龚小武见紫雯要上山，便自告奋勇充当导游陪她去。两人一边走，一边聊，龚小武说他从事人工饲养蜘蛛产业。

雨后的大山非常迷人，古树上的青苔绿茸茸的，树叶闪着柔和的光芒。色彩斑斓的蝴蝶数不胜数，奇形怪状的小昆虫爬来爬去，紫雯感到一种久违的愉悦，拿着相机拍个不停，龚小武连连笑她像个没长大的小女孩。沿着山路越走越深，紫雯忽然觉着好像迎面撞到了一层软软的水帘，后退几步，定睛一看，啊，好美好奇特的雨后蜘蛛网！网是金色的，直径约有2米，每条蛛丝上都缀满了水珠，晶莹透亮，金光闪闪，像幅绝美的艺术品。紫雯又是一阵狂拍，正拍着，发现蜘蛛网的右上角有两只罕见的大蜘蛛正抱成一团，原来两个正在交配。交配完，母蜘蛛冷不丁张开尖嘴猛地向公蜘蛛咬去！千钧一发之际，紫雯敏捷地用树枝拨开母蜘蛛，将公的“救”了出来。公蜘蛛立刻飞一般爬到网的另一端，母蜘蛛迟疑片刻也很快地消失了。紫雯开心地击掌大笑。

龚小武惊奇地问：“小蚊子，你现在不怕蜘蛛了？这么大的蜘蛛我都没见过呢。”

紫雯脸微红，侧过头：“我早就不怕了。”

天有点阴晴不定，还刮起了大风。龚小武急忙招呼紫雯下山，因为山里的气候总是变幻无常。往回赶时，天气果然骤变，竟然下起雪来。开始是小雪粒，顷刻间转为鹅毛大雪，整座大山一会就变成白茫茫一片了。龚小武扶着紫雯深一脚浅一脚地往回走，也不知走了多久，他们累了，坐下来歇息，抬头一看，竟又走回了巨型蜘蛛网那里。

他们迷路了！

紫雯连忙拿出手机求救，哪知没有一点信号，她无助地向龚小武望去。龚小武坚定地说："不用怕！我是大山的孩子，相信我会保护你的。"紫雯安静下来，有龚小武在身边，她有种无法形容的安全感。

雪越下越大，两人衣着单薄，冻得直哆嗦。恰巧巨型蜘蛛网旁边有个小山洞，两人急忙进去避雪。紫雯腹部忽然剧烈地痛起来，痛得弯下了腰。原来她的胃病受冷发作了。龚小武紧张万分："你的老毛病还没好啊？现在找不到生姜，我出去找点其他的草药。"说完极快地奔了出去。

紫雯眼睛有点湿，往事历历在目。大学时，她一犯胃病，龚小武就会煮上一大碗生姜红枣水给她喝，一喝就好了。这些年过去了，他竟然还记得。

不多久，龚小武回来了，他的手里多了把紫色的叶子，"这是紫苏，暖胃的，你将就着嚼了它，会舒服点的。"紫雯把紫苏叶含在嘴里，连吃几片后，胃果真不那么疼了。

气温还在不断下降，两人蜷缩在洞里不住地跺脚呵气。紫雯的脸色越来越苍白，龚小武心疼地说："我得给你找件衣服保暖才行，不然你受了风寒会留下病根的。"他开始四处打量山洞，洞里空空如也，洞外是披雪挺立的大树，洞口那金色的蜘蛛网在雪中飘摇，那只大蜘蛛一动不动地伏在网的一端。

紫雯苦笑道："总不能用树叶做件衣服吧？忍一忍就过去了。"她又冷又困，眼睛有点睁不开，模糊中听到龚小武说要出去一下，就沉沉入睡了。不知睡了多久，她听到响动，揉揉眼睛，只见一个穿着威武盔甲的男子站在面前，向她深深地作了个揖，恭敬地说："感谢救命之恩！我要赠你四个字——真爱无价。我将帮助你找到真正爱你的人。"紫雯刚要问他从哪里来，他却倏地消失了。紫雯一阵头晕，又睡过去了。

等紫雯再次醒来时，龚小武已经回来了，正坐在她身旁忙乎着。他把一层层的蜘蛛网粘在一起，铺平，像厚厚的衣服片子。紫雯的眼睛都瞪圆了！

龚小武一边整理蛛网一边解释："蜘蛛网做的衣服可暖和了，像羽绒服似的。本来我打算找遍整座山来采网的，后来竟发现洞里半晌之间来了数以千计的蜘蛛，个个像比赛似的织网，尤其是洞口那只大蜘蛛，织完一张又一张。所以，一个晚上就采好了几千张网。"

"几千张网？"紫雯越发觉得不可思议。在她惊诧的目光中，龚小武用树叶柔韧的叶脉当作针线，灵巧地拼接蛛网衣服。紫雯发现他的手和脚都有很多道血痕，肯定是采网时被石壁划伤的。

很快，衣服做好了。龚小武小心翼翼地捧着递给紫雯，脸上忽然露出羞涩的神情。

紫雯接过神奇的蛛网衣，披上，又轻又暖，舒服极了。龚小武呆了呆，赞道："你美得像个公主……"话未完，他终于支持不住，摔倒在地。

紫雯泪如雨下，她抱着龚小武的头，焦急地唤着。龚小武没有回应，他呼吸均匀，很满足地睡着了，看得出他是累坏了。紫雯脱下蛛网衣，给他盖上，看着他疲惫而英俊的脸，心里充满了甜蜜。其实，龚小武一直都隐藏在她的内心深处。她后来专门研究蜘蛛的习性，锻炼自己的胆量，不是为了他吗？还有这次她专程来云南哀牢山不就是想碰运气见到他吗？

天亮了，龚小武醒来第一件事就是将蛛网衣裳重新给紫雯披上。两人走出山洞，外面阳光灿烂，没有半点雪后的痕迹，那场雪似乎只是一场梦。再看洞里数千计的蜘蛛早已不知去向，连门口那只大蜘蛛也消失了。

下了山，紫雯暂别龚小武，回到住处。房东一见她，立刻嚷开了："这是谁送给你的蛛网衣？我几十年没见过了。"紫雯将经过简单讲述了一遍，房东听完，神秘地说："丫头，你遇到蜘蛛王了，只有蜘蛛王才有这种超常的能力。普通人一般要花五天五夜的时间才能采好网，织成一件蛛网衣，所以现在没人愿意花精力干这事了。”

房东还羡慕地说：“按照我们当地古老的风俗，织蛛网衣送给心爱的人还代表着最坚贞的爱情。丫头，你真有福气啊。”

紫雯的心在发颤，她没想到蛛网衣还有这一层意思，难怪龚小武害羞了。她忽然感到从未有过的清醒，她一直纠结的问题终于有了答案。

她拿出手机准备发短信，上面却已经有条未读信息，来自吴伟。上面写着：“回来吧，如果再不公证，我们的婚礼要延期了。”紫雯不气不恼，回复道：“我不需要进行财产公证了，因为我的爱情刚刚进行了公证。再见吧。祝你找到属于自己的幸福。”

紫雯这时迫切想见到龚小武，心有灵犀的是龚小武已经来了，正端着碗生姜红枣茶，叫她趁热喝下。紫雯乖乖地一口气喝完，然后勇敢地望着龚小武：“蛛网衣我收下了，以后也不走了，好不好？”龚小武激动地紧紧抱住了她。

许久，龚小武柔声说：“想不到我们的缘分总是和蜘蛛相关，败也蜘蛛，成也蜘蛛。”

紫雯甜甜地笑了：“以后，小蚊子、小蜈蚣和小蜘蛛要亲密共处了。”

第三辑

街巷谭

第三辑

桃色漩涡

自公司行政部经理出国后,那个位子就一直空着。

我担任行政部副经理多年,工作能力和业绩有目共睹,很自然有了点想法。但总经理不动声色,只字不提。

而每次当我走进总经理室,桃木大门在背后重重地合上时,心里就开始阵阵发毛。因为总经理看我的眼神透着股说不出来的暧昧,手还经常有意无意地触碰我身体的某些部位,搞得我胆战心惊,如履薄冰。公司曾传闻总经理好色,只不过我一直埋头工作,不理闲事,没想到……

房子在按揭,弟弟要读书,目前的工作和薪水来之不易,我只有选择默默忍受。虽然我还没有男朋友,可我的身体总得与爱情发生点关系吧?虽然也渴望升官发财,可我财务自由的幸福生活总得取之有道吧?

于是,我刻意与总经理保持距离,尽量减少单独相处的时间,有时甚至打发文员吴媚替我送交工作材料。就这样,风平浪静了一段时间。我正暗中得意,有一天,汇报完工作,我正要疾速逃离,总经理忽然叫住我,意味深长地说:“如今是市场经济,凡事讲竞争。企业最缺的是人才,最不缺的也是人才。”说这话时,他的眼睛瞟向门口,吴媚正捧着报表袅袅婷婷地推门进来。

我的心一阵抽紧,暴风雨也许快来了。我不是勇敢的海燕,也不愿当怯懦的企鹅,我只想做只螺纹贝壳,躲在自己的壳里,海浪将我推向哪里,我就在哪里搁浅苟活。

时隔不久,我发现行政部的磁场和气场悄悄地发生了变化,干练、严谨的部门绽放了一朵奇葩。那个往日弱不禁风的吴媚现在愈发呈弱柳扶风状,举手投足间流露出我见犹怜的娇媚。她每天上班一有空就在聊天,交给她的工作则能拖则拖,还错漏百出。若指责她几句,她也不气不恼,自顾低下头咬着手指头不作声,倒显得我似悍妇一般。吴媚大学学历,人长得也不错,这么没上进心,我还真想不明白。找她谈过几次话后,效果甚微,我只好向总经理报告。

这天,总经理路过行政部,巡视一圈后,突然径自向我奔来。我连忙站起身笑脸相迎,一股浓浓的酒气扑面而来,他怒气冲冲地对我吼道:"你们部门怎么没有一点团结协作的精神,你看吴媚一个人搬那么重的资料盒走来走去,多辛苦!你就不会多安排几个人帮帮她?"

我目瞪口呆,大脑一片混沌。等我回过神,想好措辞,总经理已经走了。

那些资料盒重吗?比那更重更累的活我不都干过吗?

那件事后,我彻底明白了吴媚"娇弱"的原因。公司此时已经开始偷偷流传关于她和总经理的绯闻了。人们总是津津乐道于各类桃色事件,就像几年前连财务部经理英姐曾与董事长在大学恋爱都传得似是而非的。而我苦恼的却是:如果吴媚当了行政部经理,我是应该骄傲地负气离职,还是忍气吞声地留下来?

果然,几个月后,人力资源部传出吴媚即将升职的消息。我们几个要好的部门经理聚在一块时,都忍不住摇头苦笑。英姐义愤填膺地说:"公司这样下去,迟早非完蛋不可!"

吴媚的任命书下来了,全公司哗然。

吴媚升任的竟然是财务部经理一职,原先的经理英姐则调任虚位已久的行政部!听说,吴媚大学学的是会计专业,有会计证,人家还没把行政部放在眼里,去了更有前景的财务部。

当我听见吴媚兴高采烈地约朋友去酒吧庆祝时,真正理解了"男人通过征服世界来征服女人,女人通过征服男人来征服世界"这句话的深意。

我负责监督工作的移接。按照程序,之前分别与两人进行了谈话。吴媚喜上眉梢,自不多言。英姐这边有点棘手。英姐干了十几年的财务工作,口碑一直很好,她根本不愿意放弃专业转行干行政。为了顺利完成任务,我只好晓之以理,动之以情。劝慰她看在福利待遇不变的份上,忍一忍,加上她儿子快高考了,平稳过渡得了。英姐满腔的怒火暂时被压住了,她恨恨地对我说:"那女人最好别惹我,狗急了还跳墙呢。"

那天,两人工作差不多交接完毕,只差最后的签名。吴媚忽然娇滴滴地说:"总经理说了,英姐太老实,让公司白交了好多税,我以后会想办法为公司合法避税的。"话音未落,英姐的脸"腾"地涨得通红。只见她以迅雷不及掩耳之势迅速把移交材料收拾好,锁进保险柜,冷冷地扔下一句:"今天先不交了!"摔门而去。

吴媚傻了眼。我知道是吴媚那自鸣得意的话触及了英姐的底线,对她专业的侮辱让这个东北女人忍无可忍。

接下来,英姐请了数天病假。

我发现总经理和吴媚两人都神色不宁,惶惶不安。

等到英姐笑容满面地重返工作岗位时,吴媚脸色发暗,再也不提去财务部的事了。任命一事就这样不了了之。这戏剧化的结果再次让我瞠目结舌。

过不多久,总经理辞职悄悄离开了公司。

新总经理上任后,很快任命我为行政部经理,我沉寂良久的工作热情再度高涨起来。

其间,我零星听到一些消息:英姐曾飞去香港找过董事长,那人还真是她的初恋情人;总经理的接待费和修车费数额惊人;我们的供应商原来是总经理的小舅子……

英姐办成了一件我们想都不敢想的事,因为越级申诉的后果是不成功便成仁。所幸,那是英姐的初恋!

我暗自庆幸,自己没有卷进桃色漩涡,没有在利益和原则面前目眩神迷。

本来,实力一直就是职场的不二法门。

进口牛排害死人

对于全中国的老百姓都闹心的食品安全问题，偏偏人家刘志刚压根儿没当回事。上千万身家的他前几年就租了山头搞起了农庄，大米青菜等都是纯天然的有机食品，那些农庄供应不了的，他则直接进口。用他的话说，有钱才有资格讲健康，没钱就去吃垃圾和各种毒吧。

这天，刘志刚惬意地坐在别墅里，一边吃着刚从日本买回来的牛排，一边喝着正宗的法国红葡萄酒，觉得人生实在是太美妙了。突然，门铃急促地响了起来，销售部经理赵军满头大汗地推门进来，火急火燎地说："老总，云景阁大酒店不要咱们的货了！"刘志刚一惊，这家酒店可是他们的大客户，双方一直合作愉快，怎么突然就变卦了呢？他冷静地说："对方说了些什么？"赵军茫然地答道："也没说什么具体原因，我说价钱可以再商量，对方却说有新货源了。简直是莫名其妙嘛！"刘志刚想了想，摆摆手，说："好了，好了，我知道了，你先去干别的事吧。"赵军皱着眉头走了。

刘志刚的大脑飞速地旋转起来。过了好一会，他拿起手机开始拨号，他想先找另一家连锁餐饮店的王经理了解了解情况。谁料，刘志刚才提一起喝酒的事，对方很婉转地说："刘老板，不好意思，我很忙。还有，我正想找你呢，以后恐怕照顾不了你的生意了。”刘志刚心一沉，恳切地问道：“王哥，看在上次你喝醉酒，我背你上五楼的分上，说下真正的原因。让小弟死也死个明白！”电话里的声音明显迟疑了一下，顿了顿，说：“唉，我说刘老板，你这么精明的一个人咋就把李局长得罪了呢……不说了，你自己想去吧。”

李局长？刘志刚对他比亲爹还好，农庄里有啥好东西都惦记着他呢，其他就更别提了。刘志刚挠着脑袋想了半天，没想出个所以然来，不过，世事难料，多半是人家嫌自己出手还不够大方。他打定主意，精心准备了礼物，吃过晚饭就直奔李局长家。这次，他除了拎着新鲜牛初乳、野生水鱼等补品，还顺便带了两箱300元一斤的日本小牛排，因为他记得有一次局长夫人说过味道不错，这可是他托人高价空运回来的，自己平时都不大舍得吃。他还偷偷准备了一个大信封，藏在箱子里面。

进了李局长的高档住宅小区，远远地看见李局长夫妇俩在花园里散步。刘志刚赶紧屁颠屁颠地迎了上去，哈着腰说：“李局长，这是我农庄刚出的一些东西，绝对绿色、健康，拿来给您品尝一下……”膀大腰圆的李局长一见他，本来笑盈盈的脸蓦地变了颜色，他厌恶地朝他挥挥手，就要转身离开。刘志刚可不是省油的灯，他一见情势不妙，马上望向李太太，巴巴地说：“姐，我没别的意思，就是好久没见你们，有好东西想给你们尝个鲜，你看这个。”边说边扬了扬手。李太太斜眼一瞧他手上的东西，脸顿时涨得通红，杏眼圆睁，刚要张口，却弯下身子，剧烈地呕吐起来。李局长慌忙扶着老婆，一边不住地拍着后背，一边指着刘志刚破口大骂：“你立刻给我滚得远远的，马上消失！”

刘志刚越发惊诧不已，自己精心准备的东西一向深得局长欢喜，为何今天是这种情形？看见他好像见到什么恶心的东西似的。他哪甘心就此消失，如果消失了，以后恐怕真的只有死路一条了。但看这阵势，今天他是无法成功解决问题了。

刘志刚郁闷地回到家，见去做美容的老婆回来了，正对着镜子自我欣赏。见他回来，妻子撒娇地跑过来，接过他手里的东西，娇嗔道："俺老公真是世界上最好的老公，别的男人有钱了都不回家，俺老公就不那样。"要是往常，刘志刚准会扔下东西，和老婆在地毯上来一场"男女混合摔跤"。可今天，他把手里的东西一扔，叹了口气坐到沙发上。

老婆还没见过老公这么沮丧过，赶紧凑过来，问发生了什么事。刘志刚就把刚才发生的事讲了一遍。老婆想了想说："你别急，我带你去见一个人，他能帮这个忙。"说着，拉着丈夫就走。当然，没忘了提上一箱高级日本牛排。

在路上，刘志刚的妻子说，她在美容院认识了一姐妹，竟是李局长的岳母，那老太太六十多了，但打扮得很年轻，从后面看就像三十多岁。刘志刚的老婆就因为她是李局长的岳母，知道老公一直都在巴结李局长，就想"亲上加亲"，不仅付了老太太的美容钱，还约好一起"垒长城"。现在看老公去送礼吃了闭门羹，忽然想起了这根救命稻草。

很快，他们来到不远的一个小区，坐电梯来到30楼，直接来到李局长岳母的家里。李局长的岳母见是白天遇到的阔绰姐妹，还提着东西，忙让进屋里。老太太冲着里屋喊了声："小强，来客人了，出来沏茶。"随着声音，里屋出来一个戴着眼镜的瘦高男青年，刘志刚一看认识，是李局长的小舅子唐小强，正在日本留学。他以前出国时，刘志刚还给了个大红包。刘志刚像遇到了救星，自我介绍了一番，还特意提了大红包的事。唐小强皱着眉头想了一下，还是摇摇头。因为那次送红包的太多，他都记不清了。

"叔叔，你们今天来，有事？"唐小强看了一眼地上的高级日本牛排，皱着眉头问。刘志刚赶紧说了今天的事，希望唐小强能帮忙问问李局长，这里面到底发生了什么事。

唐小强上下打量了他一番，同情地说："网上说的没错，没文化真可怕。

你上网自己看看吧。”

唐小强把刘志刚带到书房，熟练地打开一个网页，指着上面，说：“喏，瞧瞧，你的日本牛排是不是这种？”刘志刚瞪大眼睛盯着手机屏幕，一看上面的包装果然和自己买的日本牛排一模一样，便说：“是这种，怎么啦？日本进口的食品也有毒吗？”唐小强忍不住爆笑起来：“没毒，肯定没毒。但是……你自己看下面的介绍吧。”刘志刚把眼睛凑到显示屏前，仔细地一页一页翻屏，新闻详细介绍了这种牛排的生产流程，才看到一半，他终于忍不住蹲在地上吐起来。好半天，他才抬起头，神情俱疲地说：“报应啊，报应。得罪了你姐夫，我是活该！”

只见网上清晰地显示着，这是日本最近研制出一种新型食品，它通过从人的粪便中提取蛋白质，并使用色素将它染成肉类的红色，然后使用催化剂，最后放入爆炸容器中制成人造牛排。由于研究开发费用高昂，这种肉牛排的价格要比普通牛排贵20倍……刘志刚高价买来的牛排正是这种人造牛排！

“这日本佬也太坑人了，居然想出从屎里提炼东西来吃，这不是吃屎吗？妈的！”刘志刚骂骂咧咧走出书房，拉起老婆就走。李局长是卫生局局长，原本指望搭上这条线，和市里的餐饮业都能拉上关系，现在看样子局长真生气了，他还得去想别的办法。

大街上有一家酒楼新开张，门口摆着一台榨油机，旁边写着：“俺店使用现榨的花生油，保证不用一滴地沟油！”生意非常兴隆，有不少食客就是冲着花生油进去的。有人边走边说：“我们也不知吃进去了多少地沟油，老子天天诅咒让那些生产地沟油的人统统去吃屎！”赵志刚碰巧听见了，禁不住冷汗直流。他就靠做地沟油生意才暴富的，并且现在依然有十几个地下加工厂昼夜不停地加工害人的地沟油。就像刚才那人诅咒的，干这样缺德的买卖，最终也逃不过吃屎的宿命，而且还是高价买来的。

“蓝嘴唇”女孩的伟哥梦

一、我和小伙伴们都惊呆了

近几年，全国各地电视台争相推出综艺节目，据说收视率不错。阳光市虽然只是个地级市，但这几年经济增长迅速，于是，本着宣传自我、造福社会的宗旨，阳光电视台也推出了一个大型综艺节目“阳光梦想秀”，旨在用轻松愉快的形式帮助需要帮助的人。谁知道，节目播出第一期就出事了，市医院院长办公室打来电话，说节目中的“蓝嘴唇”女孩和他们医院无关，那个出面的某科室主任也是冒牌货。这下，电视台懵了，赶紧求市医院不要曝光此事，他们会给医院一个交代。

第一期节目的录制现场就在电视台的演播厅内，主持人是阳光电视台从省台高薪挖来的，叫欧阳伟。据说欧阳伟在省台很受压制，所以，这边钱多，就跳槽了。为了证实自己的能力，欧阳伟舌战群儒，把整个录制现场搞得有声有色。在第三个嘉宾进场后，整台节目达到了一个小高潮。

来的嘉宾名叫周艳，资料说是一个减肥成功者。但就是这样一个成功者，却没有给观众带来笑声，因为她讲的减肥经历太吓人了，可以用触目惊心来形容。周艳说，为了减肥成功，他试尽了所有减肥方法、吃过了所有减肥药品……得到的却是惨不忍睹的现实——变成了“蓝嘴唇”女孩。

听到这里，欧阳伟擦了一下眼角，周艳的嘴唇果然蓝紫蓝紫的，一般人不了解内情还以为是特地化的妆呢。周艳泪流满面。欧阳伟赶紧说，“今天谁陪你来的？”周艳哽咽着说：“是我的主治医师，孙医生。”欧阳伟一按开关，大屏幕上出现了一个穿白大褂的医生。经他这么一说，欧阳伟和现场观众都才明白周艳为什么哭成那样。因为这个“蓝嘴唇”真可怕！

孙医生说，“蓝嘴唇”其实是一种十分凶险的疾病——肺动脉高压，包括特发性肺动脉高压、遗传性肺动脉高压，还有先心病、肝硬化、溶血性贫血、血吸虫病、风湿性组织病等疾病引起的肺动脉高血压。在我国，特发性肺动脉高压发病人数每年大约有一二百万之多，其中女性发病率较高，其平均年龄在36岁左右。肺动脉高压是一种慢性致死性疾病，最常见的症状是活动后气短和乏力。周艳就是因滥用减肥药，成了“蓝嘴唇”一族的成员。这是一种极其恶性的疾病，死亡率不亚于癌症，被喻为心血管中的癌症。患者一个显著的特征，即因为缺氧，嘴唇出现蓝紫色，因此，这一疾病被形象地称为“蓝嘴唇”。

观众席上发出了一阵“嘘”声。看来，很多观众和主持人一样，并不知晓这么一种奇怪的病。

“既然这样，我们就听听嘉宾的梦想吧。”欧阳伟对着周艳说。周艳看看大屏幕上的孙医生，欲言又止。

“放心，不管是寻找好的医院，还是需要什么药品，只要这个世界上有，我们就能帮你。”

也许是欧阳伟温暖的话语感动了周艳，她终于挺起胸，认真地说“我想要五年的‘伟哥’。”

周艳话音刚落，观众席上爆发出雷鸣般的掌声，还夹杂着笑声。欧阳伟正色道:“你想要包我五年吗?小心嫂子揍你!”

观众席上顿时哄笑。因为大家都知道,欧阳伟的绰号就叫“伟哥”。

“不是,我要真的‘伟哥’,也就是‘万艾可’。因为只有这种药才能缓解我的病情。但这药太贵……”由于激动,周艳的脸涨得通红。

这下,没人笑了。一会,有赞助企业出面,答应购买足量的“伟哥”,送给周艳。周艳热泪盈眶,谢过大家,满意地下台去了。

二、孙医生其人

因为节目从录制到播出有几天时间,所以,节目播出的时候,周艳需要的“伟哥”已经到手。但市医院办公室打来的电话,让欧阳伟和电视台领导陷入了尴尬境地。虽然医院保证在这件事水落石出前不会曝光,但谁保哪个医护人员一时大意,顺嘴说出啊?这第一期节目就出了这事,如果一曝光,后果可想而知。

幸好,医院提供了孙医生的电话和诊所地址,欧阳伟带助手找到了他。

孙医生见到欧阳伟,似乎明白这件事,但他摇着头说:“你不要问我什么,我只是参与了你们电视台的演出,别的我什么都不知道。”说着,孙医生拿出一份演出合同让欧阳伟看。那是一份群众演员的参演合同,报酬为1000元,和孙医生签约的,是电视台综合部主任廖文胜。

“所以,有事您去问他。不过,有一点我没撒谎,我曾是市医院的某科室主任,现在下岗自谋职业。”孙医生把合同放进抽屉,转身去招呼病人了。

欧阳伟只好回去向台长如实汇报了这一情况。但当愤怒的台长叫来廖文胜一问,廖文胜大呼冤枉,说他根本就不认识什么孙医生,更不存在私签合同的事情。为了证实这件事,廖文胜和欧阳伟二次来到孙医生的诊所,果然,孙医生并不认识廖文胜,签字也不是廖文胜的笔迹。

孙医生这才知道受骗了。

“你不调查一下，是不是真的，就签约了？”廖文胜气得直擂桌子。孙医生倒很冷静：“要是问我要钱，我当然会调查；可给我钱，我调查个屁啊！”孙医生还说了，至于周艳，他也只是在电视台见过一次，她是什么人，出于什么目的，他也不清楚。三人说不到一块去，闹了个不欢而散。

欧阳伟和廖文胜回到电视台，汇报了这一情况，台长思索半天，说只能报警了，不然，如果让观众和赞助企业认为电视台徇私舞弊，那后果就严重了。

孙医生被叫到派出所，民警小秦严肃地说：“虽然我相信你说的是真的，你也被蒙在鼓中，但你是这件诈骗案的直接参与者，你应该主动帮助警方破案。”

回到诊所，孙医生才感到事态重大。五年的“伟哥”，按一天一粒算，也老值钱了，这要是破不了案，会不会让自己去坐牢？孙医生越想越怕，一夜没睡，终于想出一个好办法。

三、不信抓不住你

孙医生想好了，既然这个假冒的电视台主任和周艳是骗子，那就应该是欲壑难平的家伙，只要自己顺着他们的思路走，保准能引出他们。

于是，孙医生写了一个帖子，不仅贴上了周艳的“剧照”，还化身某制药厂销售经理，想帮助周艳。帖子上说，因为他们厂也生产类似的药品，如果周艳需要，他们不仅提供药品，帮助周艳治病，还想聘请周艳为形象大使，年薪20万，并在签合同时一次付清。

你还别说，这孙医生还真摸准了骗子的脉络，几天后，一个电话打进来，一听就是那个周艳。孙医生故意捏着嗓子，和周艳谈好了所有事项，并约定在和云咖啡馆面谈。为了保险,孙医生让自己的好朋友出面,自己躲在暗处,如果周艳出现,他就报警。

谁知,就在孙医生暗叹自己聪明时,才发现,骗子并不是那么容易上钩的,来咖啡馆面谈的,是另外一个人,自称是周艳的经纪人,所有的事跟他谈就成了。孙医生的朋友也很聪明,说这么大的合同,是不会跟周艳以外的别人签署的。说完,拿出一张事先准备好的名片扔给那人,起身离开了咖啡馆。那人拿起名片看了看,冷笑一声,也起身离开了。但他没有注意到,有个人悄悄地跟在他身后。

那人出了咖啡馆,拐进一条小巷,顺着河边向西走去。后边的孙医生装作行人,不紧不慢地跟在后边。那人左拐右拐,走进了一处河边的小院。因为不熟悉情况,孙医生只好站在不远处的一棵树下,装作看几个老人打扑克,眼睛却死盯着院门。但直到晚上华灯初上,那人也没出来。孙医生一打听,那个院门只是个装饰品,过了院门是一座小石桥,经过小桥,是河对岸。孙医生苦笑一声,只好转身回家了。

"山重水复疑无路,柳暗花明又一村",就在孙医生一筹莫展之时,有人打电话给他,说他是周艳的男朋友,她根本没有病,也没有去过电视台,如果他不删除网上的帖子,他会让孙医生好看。孙医生说:"我现在已经很好看了,还怕再好看一点吗? 我告诉你,你和你女朋友涉嫌诈骗,警方已经备案,如果识相点,赶紧出来投案自首,不然不是我好看,是你难看!"对方又骂了几句,就挂了电话。

有这个电话就行了。孙医生将电话号码交给警方,经过仪器跟踪,成功地将冒充电视台主任的骗子抓获。

骗子交代,他平时最爱看"梦想秀"一类的选秀节目,觉得那些人演个蹩脚的角色,再哭诉悲惨身世,就可以得到企业的资助,他感到很不平衡。于是,就和女朋友策划了这个骗局。当然,为了保证成功,他以电视台某主任的身份和孙医生签了一个演出合同,谎称这是电视台安排的。1000元的酬金虽然不多,但从学生时期就酷爱演戏的孙医生还是答应了。他觉得,既能过过戏瘾,还有钱拿,傻子才不干!于是,就出现了开头的一幕。

案子破了,孙医生一身轻松,刚想拉民警小秦喝几盅庆贺一下,小秦站起身,却没有跟他走,只是严肃地说,这个案子结了,但下一个案子又牵扯到孙医生了:某药厂看到了网上孙医生发的帖子,以涉嫌诈骗报警了……

孙医生一阵晕眩,险些栽倒在地。

惊魂野象坡

一、美丽的“小姑娘”

听说女朋友覃小露要去云南实地考察亚洲野象的生存状况，崔泽涵急了。他找到该组织的发起者袁聪山，让他拒绝覃小露参加。要知道，覃小露可是个女孩子，虽然参加了什么“保护野生动物志愿者同盟”，但跑到野象出没的偏远山区，谁能保证不出危险？到时，后悔都来不及。

袁聪山正埋头整理资料，抬头看看一脸焦急的崔泽涵，不屑地说：“真是皇帝不急太监急，我们秉承自愿的原则，没强迫谁。你不想让她去，自己去说啊！”崔泽涵正想发火，覃小露来了，一听崔泽涵要她退出来，覃小露不高兴了：“这是我们策划了半年的活动，怎么能说不去就不去？”崔泽涵把覃小露拉到一边，小声说：“我的姑奶奶，那是什么地方？那可是与老挝、越南两个国家交界的县，位置偏僻，野象很多，要是出点事咋办？”覃小露看着远方，无限憧憬地说：“就是因为偏远，才要去啊。再说，你只看到了位置偏僻，怎么没想到‘转身游三国’的区位优势？再说，袁聪山的老家就是那里，他熟悉那边的环境，能出什么事？算了，跟你说你也不懂。”说完，覃小露转身去和袁聪山一起研究方案去了。崔泽涵干着急没有办法。

一个月后,一切准备妥当,他们就要出发了。头天晚上,覃小露早早来到车站约定的地方等,但等来等去,却只等来了垂头丧气的袁聪山。袁聪山说,本来说好的八人组,其余六人突然不愿去了。袁聪山说:“算了吧,就我们两个去也不合适,以后再说吧。”覃小露一听,女汉子派头十足地说:“没啥,你是我的好哥们,我们俩一起去也没什么。”袁聪山刚想说什么,崔泽涵提着一个大皮箱气喘吁吁地跑到覃小露跟前,笑着说:“谢天谢地,总算赶上了。”覃小露一指崔泽涵手里的皮箱,奇怪地问:“什么就赶上了?你说的什么?”袁聪山一看乐了:“正考虑一男一女去不方便,得,现在好了,出发!”说完,拉着皮箱向候车室走去。覃小露这才明白,崔泽涵这是要跟着去啊。她不满地嘟囔道:“我又不是小孩子,用得着你照顾吗?”崔泽涵不再说话,用袖子擦了一把脸上的汗水,拉着两个皮箱,大步走向候车室。

一路无话。几天后,三人乘火车坐汽车,一路颠簸,来到事先约定的那个小村庄——野象坡村。袁聪山说,这里有他一个亲戚,房子是现成的,二层小楼,幸运的话,不出屋就能看到野象。看袁聪山安排得如此妥当,覃小露禁不住暗竖大拇指。袁聪山的亲戚很热情,虽然说话一点听不懂,但晚餐做得非常可口。因为旅途劳累,吃完饭三个人就休息了,覃小露睡在里间,袁聪山和崔泽涵睡在外间。袁聪山问崔泽涵咋跟来了,崔泽涵没好气地说:“我怕覃小露被狼吃了!”袁聪山哈哈大笑,知道他在骂自己。

第二天早上,三人睡到中午才起床,吃了点东西,就想出去玩。突然,袁聪山惊叫起来:“是小姑娘,真的是小姑娘啊!”崔泽涵头也不抬地说:“狼什么时候都是狼,看你的样子真猥琐。”袁聪山说:“你瞎扯什么!我是说我看到一头野象,正是我父亲救治过的那头。喏,你们看,她只有一根象牙……”崔泽涵和覃小露一听,赶紧跑到窗前一看,院外真的有一头象在走动,长鼻子一甩一甩的,用唯一的那根象牙挑着地里的苞谷,借助鼻子送进嘴里。

袁聪山说，在他上高中的时候，父亲去地里打农药，意外看到一头小象躺在路边，嘴上鲜血淋淋，一根象牙被折断，一看就是刚经历了一场大战。袁聪山的父亲见小象奄奄一息，就招呼村民将小象抬回家救治。一周后，小象能抬起头了，半月后，小象开始在院里走动。当时，袁聪山正在县城读高中，到周末就回家，看到小象，他非常兴奋，没事就蹲在小象跟前抚摸小象的身体，久而久之，他和小象有了感情，后来，小象不仅让他骑着玩，还会用鼻子吸水给他洗澡。本来，袁聪山的父亲想让小象住在家里，但有关部门知道了，通知他立即放小象回野外。没办法，袁聪山的父亲只好含泪将小象带到很远的地方放生了。谁知，小象知道感恩，经常没事就回来转转。袁聪山上大学后，就没见过小象，但他知道，外面的这头野象，就是“小姑娘”。小姑娘是袁聪山爸爸给小象取的名字，袁聪山很喜欢，没事就“小姑娘，小姑娘”地叫，小象也知道回应，不是小跑过来，就是使劲甩长鼻子。现在，小象竟然游逛到这里来了，真是天意啊！

二、温柔的“小姑娘”

听到这里，覃小露似乎比袁聪山还高兴，她兴奋地问：“我能叫它‘小姑娘’吗？它会让我骑吗？”袁聪山掩饰不住兴奋地说：“当然能。不过，我得说服它，这需要时间。现在，我要出去看‘小姑娘’了，你们不要出去啊，危险！”

袁聪山跑下楼，出了院门，冲着远处的小象喊道：“小姑娘，小姑娘……回头，我来了……”那头野象正在埋头寻找食物，一听袁聪山喊，愣了一下，大耳朵忽闪忽闪的，慢慢转回头来，站着不动了。袁聪山也站住了，好像忽然不确定这是不是那头象。要知道，野象可不是好惹的，它要对人发起攻击，生还的希望几乎为零。

楼上，覃小露的心也提到了嗓子眼，端着相机的手在发抖。她正想喊

“袁聪山小心”，只见那头野象忽然把长鼻子一甩，抬脚向袁聪山走来，嘴里还发出奇怪的声音。袁聪山乐了，这真是那头野象啊！他撒腿跑过去，搂着野象的长鼻子荡秋千，野象一甩鼻子，袁聪山被甩到象背上。

“哇，真是帅呆了！”覃小露羡慕得差点流口水。

这天晚上，野象就卧在院外没走。等袁聪山回来，覃小露缠着他明天“说服”野象，让她也来一次亲密接触。袁聪山说：“试试吧。我带你来，就是让你近距离接触野象，增强保护野生动物的信心……”

“算了，那样太冒险，拍些照片就行了。”崔泽涵没等袁聪山说完，就给截住了。

“哼，我才不！”覃小露耍起了公主脾气，“我就要骑上那个大象，你胆小，负责在楼上拍照就行了。”说完，不理崔泽涵了，拿出相机翻看白天拍的照片。

第二天，虽然覃小露一再要求，袁聪山还是没同意覃小露出去。因为他说，这里不只是一头野象，如果附近还有别的野象冲过来，后果不堪设想。

果然，当天下午，随着奇怪的叫声和蹄声，大概十多头野象走进他们的视野。覃小露这才想起来，他们来了一天多了，也没见大街上或者地里有什么人。袁聪山说，因为野象经常出来糟蹋庄稼，很多人都不种地了，出去打工了，留在村子里的，大多是老弱病残。他这个亲戚本来也要出去的，但因为婆婆瘫痪在床，只好待在家里伺候。就在他们说话的时候，“小姑娘”不见了。袁聪山望着远方说：“它是跟象群回家了。没事，还会回来的。”

果然，两天后的中午，“小姑娘”出现在正在焦急等待的三人视野内。袁聪山忍不住跑出院，迎着“小姑娘”跑了过去。忽然，他站住了，等着“小姑娘”来到跟前，和它似乎耳语了一阵，又是摸耳朵又是蹭脸的，看的覃小露心里直痒痒。还好，袁聪山向她招手了。覃小露喜滋滋地下楼，但被崔泽涵拉住了。崔泽涵担心地说：“虽然袁聪山和野象很熟悉，但它毕竟是象不是人，万一出事，就麻烦了！”覃小露一把甩开他的手，嘴里说着：“胆小鬼！你就在楼上待着吧！不过，别忘了给我拍照啊！”说完，噔噔噔下楼，来到院子外。这时，覃小露又胆怯了，刚才在远处，看着大象个头大，但到跟前才知道，这岂止是大，简直就是庞大！她想转身回去，但又心不甘。

袁聪山笑了，招手让她过去，说：“‘小姑娘’很温柔的，不信，你试试。”说着，用手拍拍野象的鼻子，野象的头低了下去。覃小露这才小心翼翼地走过去，站在袁聪山身后。袁聪山又拍拍象鼻子，指指覃小露，这才对覃小露说：“没事，你摸摸它的鼻子。”覃小露试着伸出手轻轻摸了一下，赶紧又缩了回来。袁聪山拍拍野象的肚子，野象乖乖地趴在地上。袁聪山说：“好了，你骑上去看看。”但这次覃小露却不敢了，直往后退。袁聪山说：“那我先上去，再拉你一起。”说着，袁聪山爬上象背，伸手将覃小露拉上去，然后一拍象背，野象开始慢慢起来。也许是怕覃小露摔下去，袁聪山紧紧搂着覃小露，双手捂住了覃小露的胸部。覃小露由于兴奋加上害怕，根本没有觉出来。

三、暴戾的“小姑娘”

这下，崔泽涵受不了。自己的女朋友，居然在眼皮底下被人吃豆腐！崔泽涵扔下相机，几乎是咆哮着冲下楼，嘴里大吼着：“袁聪山你个混蛋，放开你的臭手！”但他忘了一件事，那就是这样快速奔跑，加上咆哮，在野象看来，无异于攻击。他跑到野象前面，才突然意识到这个问题，但为时已晚。野象大吼一声，冲到崔泽涵跟前，用长而尖锐的象牙将他高高挑起，使劲甩向空中。象背上覃小露吓傻了，大叫一声昏了过去……

覃小露醒来时，发现自己正躺在医院的病床上，旁边坐着愁眉不展的袁聪山。见她醒来，袁聪山赶紧说：“覃小露，你听我说，不管发生了什么事，你都要坚强……”覃小露听出了不祥，眼泪立马就下来了：“崔泽涵是不是已经死了?”袁聪山双手抱头,内疚地说:“都怪我,不该答应让你近距离接触野象……我……唉!”覃小露擦干泪水,哽咽着说:“是我太任性了,这不怪你……”

半月后,覃小露身体恢复得不错了,他们正商量让派出所出证明,把崔泽涵直接火化,然后带回去,两个民警出现在病房。

“袁聪山,你涉嫌谋杀,被逮捕了!”年长的民警掏出逮捕证在袁聪山面前晃了晃,年轻的民警则掏出手铐,将袁聪山铐了起来。

“你们凭啥说我杀人了? 崔泽涵的死完全是个意外。”袁聪山挣扎着。

“我们不会冤枉一个好人的,到派出所后,我们会给你看证据。至于这位姑娘,你也暂时不要走,跟我们一起回去接受调查。”说着,袁聪山和覃小露被带上警车。警车一路警笛,来到派出所。袁聪山虽然大喊大叫,说自己是冤枉的,但民警不理他。

来到派出所,袁聪山被带进审讯室,里面正坐着两个人。年长的民警对其中一个人说:“秦队长,人带来了,你问问吧。”说完,民警把袁聪山铐在椅子上,关上门出去了。

“自我介绍一下,我是市刑警队队长秦朔……”

“秦队长,我没犯罪啊! 我承认,这起意外我有不可推卸的责任,但说我谋杀,实在是冤枉啊!”袁聪山哭着说。

秦朔听他哭诉完,严肃地说:“我们办案是遵循证据第一,推理第二的。你放心,我们现在是调查阶段。但我提醒你,不要撒谎,你知道法律。”

袁聪山赶紧点点头,说愿意配合秦朔的调查。

秦朔问:“第一个问题,你们说好的八人小组,为什么只来了两个?”

“是这样的。来之前,他们看到一个新闻,说这边野象伤人事件经常发生,就临阵退缩了。于是,我们两个,不,还有死去的崔泽涵,我们三个就来了。”

秦朔没有肯定也没有否定,接着说:“第二个问题,你是否暗恋覃小露。”

袁聪山低下头,想了想,摇了摇头,说自己和覃小露只是有共同的爱好。再说,覃小露是有男朋友的人,他不会横刀夺爱的。

秦朔还是没有肯定也没有否定,接着抛出第三个问题:“你为什么说这个小村是一个亲戚的村庄,而不说就是你自己的老家?”

这下,袁聪山蒙了,想了想,却不知道怎么回答了。

四、冤枉的“小姑娘”

秦朔站起来,走到袁聪山跟前,说:“犯罪嫌疑人总是抱有侥幸心理,认为自己做得天衣无缝。不过,再周密的计划也有纰漏。是你自己讲还是我来讲?”袁聪山说:“我承认,这起意外我有不可推卸的责任,但说我谋杀,实在是冤枉啊!秦队长你要明察秋毫啊!”

秦朔坐回座位,叹了口气说:“其实,这半月我们没闲着,辗转多地调查取证,真没想到这么简单地就破了案。说实话,你是一个不合格的杀手。关于这件事的来龙去脉,还是我来说吧。”

秦朔说,开始他们也认为是意外,但没调查之前,是不能草草结案的。于是,他们先去了袁聪山的城市,调查了那六名没来的人,结果发现,这件事是有预谋的。因为他们说,袁聪山暗地里请了他们客,让他们谎称怕野象伤人不来了,其实是留空间给袁聪山,让他有机会和覃小露独处。而他们不明白的是,袁聪山还安排一个人打电话给崔泽涵,告诉他覃小露将和袁聪山两人去云南。这就矛盾了。既然想和覃小露独处,为何还要泄密给崔泽涵?这不是明显要让崔泽涵跟着?

“所以,我们由此推断,你说和覃小露独处是假,引崔泽涵上钩是真。因为没有一个男人,愿意自己的女朋友和别的男人单独出游,况且还是这么偏僻的地方。昨天，我们趁你出去买水果，和覃小露进行了交流，她也觉得这件事很蹊跷。她虽然害怕，但男人的手那么实在地捂在自己的敏感部位，还是能感觉出来的。她之所以没拒绝，是真害怕，怕你松开手，她会从象背上掉下来，所以，她就选择了隐忍。事后她才想起，如果不是这样，崔泽涵就不会失去理智冲出来……"

"不是这样的！我根本就不爱覃小露！"袁聪山突然变得歇斯底里起来。

"以后说谎还是要练习一下，这么拙劣的谎言，只能骗三岁的小孩子！"说着，又拿出一个笔记本，指着上面的一行字说，"你不会说，这也不是你写的吧？另外，覃小露也说，你曾经多次向她示爱，但是她拒绝了你。有一次，你还说过这句话！"袁聪山抬头一看，顿时呆住了。那是他的日记本，就在一页上，他写下了大大的一行字：覃小露，我无论如何都要得到你！

袁聪山这次没有反驳，冷汗顺着脸颊流了下来。

是的，这次崔泽涵之死，就是他设计好的。之所以选择这里，一是这里有他的"演员"——那头叫"小姑娘"的野象，这头小象是他父亲从小养大的，所以，就像他的宠物。二是这里野象伤人时有发生，是创造"意外"的理想地。前段时间，他一直苦苦思索怎么将覃小露夺过来，于是，每天去网上找奇方异招。忽然，他看到一个帖子，说在印度，大象伤人不被定罪。就是"大象"两个字，让他马上联想到了从小和他一起长大的"小姑娘"。于是，一个精密的杀人计划设计完成。为了保证万无一失，他事先回了几趟老家，找到那头流浪的野象，让它知道，小主人回来了。这样，常常"回家看看"的野象，就能和他们"不期而遇"了。而他横刀夺爱的举动，让崔泽涵很是苦恼和气愤，这样，袁聪山捂在覃小露胸部的一双手，就变成扼死崔泽涵的铁钳。而事先想好的"意外"就会发生。但他万万没想到的是，创造"意外"出了意外……

五分钟的特权

老王是海平市中心广场的管理员。广场的音乐喷泉落成后,由于喷头数量多,款式新,加之图形瑰丽多变,深受群众喜爱。但是开放喷泉的成本挺高,不仅耗电还要维修保养,所以通常只有重大节假日才对外开放。

国庆节那天晚上,老王7点钟准时开启了喷泉。7点半上半场结束时,观看喷泉的人们仍兴致勃勃地不愿散去,很多人在等候8点钟的下半场。这时,值班室的门忽然推开了,进来一个十岁左右的小男孩。老王吃了一惊。

小男孩紧张而热切地冲着他问:“伯伯,下半场的喷泉能不能推迟点?我还有几个同学没看过这么精彩绝伦的表演呢?”

老王被他认真的神情惹笑了,说:“那叫你的同学快点过来看嘛,时间可不能随便更改。”

小男孩急得眼泪都快出来了。原来,他们十几个学生是从边远贫困山区来城里参观学习的,所住的学校宿舍离市中心很远。小男孩因为到医院看病,经过广场时,才发现了喷泉表演,这可是他这辈子头一次亲眼目睹,激动坏了。他们明天就要返程,所以他想回去把同学们都叫来开开眼界,一去一来估计要花1小时的时间，等到他们8点半回来时，下半场的表演也结束了。

老王有点犯难，他心里一万个愿意成全小男孩，但是……

这时，办公室电话响了，他拿起电话一个劲地点头，眉头却皱了起来。放下电话后，老王摸了摸小男孩的头，说："你快回去找你同学吧，喷泉下半场改到8点半了。你们来了，就到我值班室的阳台上看，这里角度最好！"

小男孩雀跃起来，鞠了个躬，蹦蹦跳跳地跑出去了。

老王望着小男孩的背影，点燃了一支烟。

8点钟，喷泉没有如期开放。外面的嘈杂声越来越大，不断有人打电话询问延迟原因。老王礼貌地回答说设备正在调试中。

8点半，老王焦急地望着门口，小男孩他们仍然没来，估计正在赶路。这时，电话又响了，老王很不情愿地拿起电话，听了一会儿，他生硬地答道："设备真的有点儿故障，再等5分钟吧。"

8点35分，小男孩终于气喘吁吁地领着一帮同学出现了，十几个孩子个个兴奋得眼睛发光，像过年似的立刻挤到了值班室的阳台。

老王悬着的心终于放下了。他打开喷泉的电脑开关，随着优美的音乐声，一股股喷泉腾空而起，变幻多端，孩子的惊叫声此起彼伏……

老王满意地笑起来，好久没这么畅快了。

他开始接到的是城建局领导的电话，因为领导的同学聚会喝酒要喝到8点半，喝完酒才带同学来看喷泉，所以叫他延迟半小时。老王一如既往地在心里骂着这帮特权者，这一次稍稍不同的是，他顺从的同时，也顺势为自己争取了5分钟的特权。

他觉得非常值得。

有色眼镜

那年，我在广告公司的职工饭堂帮厨。厨师华姐很能干，把几十个人的饭菜安排得井井有条，连出名挑剔的办公室主任见了我们也总是笑眯眯的。公司小，饭堂也小，办公室每天统计好人数便通知我们，免去了打卡的麻烦。每人自觉打一份饭和取一碟菜，饭堂一直井然有序，其乐融融，突然有一天，有个业务员因为来得晚没菜吃而大动肝火。

我很紧张，涨红了脸，心想自己马虎算错了人头数。华姐则手脚麻利地一边赔不是一边三两分钟煎了鸡蛋、炒好肉菜，平息了风波。事后，华姐偷偷对我说，肯定是那个小陈多拿了一份。我“啊”了一声，恍然大悟。小陈是刚毕业的大学生，来自农村，看上去经济条件不太好，每天打包饭菜回家，有时还把同事挑剩的肉菜一块带回去，也不计较。以前我挺同情他的，大有同病相怜的感觉，现在却只剩下了鄙夷。我恨恨地对华姐说：“明天我盯着他，如果真是他干的，就不客气了，当场抓个现行！”

第二天，从小陈进门开始，我就一直用余光扫视他。只见他将一碟菜倒进保温盒后，趁人不注意果然又将另一碟菜也倒了进去！我火冒三丈，当即想冲出去数落他，还没迈开腿就被华姐使劲拽住了。华姐向我打着眼色，说:“算了算了,今天我特意多分了一份菜备用。人啊,得饶人处且饶人。”我不甘心地朝着小陈的方向吐了口痰,太丢咱农村人的脸了。那天,饭菜不多不少,幸亏华姐多分了一份出来,不然我们又要被人骂了。

自此以后,华姐每天都多分一份菜,倒也相安无事。我呢,再没有给过小陈好脸色。没过多久,小陈因为母亲病重,请假回了老家。我长吁了一口气,高兴地和华姐说不用多分一份了。华姐沉吟片刻,说:“别急,今天先不变,看情况再说。”我半信半疑地照做了。果不其然,当天的饭菜依然刚刚分完。小陈不在,还是有人多吃多占啊。我俩都傻眼了。

这天上午,办公室主任来检查工作。他巡视了一周,随口问道:“饭堂的留样工作做得不错啊,我还叫小陈他们菜不够的话就把留样的那份也吃了,哈哈……”

华姐附和着点头微笑,转过身,却对着我皱起了眉头。只有我明白她的表情为何如此,华姐早忘了饭堂要留样的规定,主任却当了真。

这是我的一次暑期工经历。那以后,我再也不敢轻易用有色眼镜看人了,并且,善待他人成了我的座右铭。

大妈不跳广场舞

家住馨美小区的李阿姨最近有点郁闷。她年轻时爱好唱歌跳舞，退休后组织小区的大妈们跳起了广场舞。这一跳可不得了，从小区跳到社区，从社区跳到市里，最后还拿了省里的一等奖。但是，好姐妹欧阿姨前几天突然不跳了，不跳广场舞也就罢了，她居然挨家挨户地搜罗起纸皮、塑料瓶这些玩意儿，然后捆绑整齐，骑上自行车拉到废品站去卖。这也太丢广场舞大妈的脸了。

李阿姨和欧阿姨住对门，便上门询问，是不是经济出了问题？还是儿子不给生活费了？欧阿姨脸似冰冻，一个劲地摇头。李阿姨听说欧阿姨有个儿子在市里当官，一直挺孝顺。这就奇怪了，馨美小区是出了名的高档小区，能住在这里的人基本都是衣食无忧的，欧阿姨居然捡起垃圾来，这不是神经搭错了线还能是什么。李阿姨心里不快，就话中带刺地说："你在小区捡垃圾，就算不怕丢自己的脸，难道就不怕丢你儿子的脸？"欧阿姨一听这话，脸涨得通红，怒气冲冲地说："这是我的家事，你管得着吗？跳广场舞就不丢人了？音乐放那么大，吵得别人都睡不好觉！"

真是哪壶不开提哪壶，这话一下子刺伤了李阿姨。小区里的确有不少人说过她们噪音扰民,她们已经尽量错开休息时间并且把声音调低了,欧阿姨这可不是胳膊肘往外拐嘛。李阿姨“哼”了一声,扭头就走,末了还落下一句:“你真想当奇葩啊。”欧阿姨气得眼泪都快掉下来了。

的确,小区里的人现在都把欧阿姨当成奇葩了。有时,她从垃圾桶里翻找塑料瓶,把里面的臭味也带了出来,惹得旁人直皱眉头。好多年轻人看见她背着个大塑料袋子迎面走来,都找小道避开,连招呼都懒得打。可以说,大家把欧阿姨孤立起来了,从心眼里瞧不起她,甚至讨厌她。看到这种情况,李阿姨开始有点幸灾乐祸,但时间一长,见欧阿姨一把年纪憔悴落寞的模样,心里也不是滋味。

国庆黄金周,各家各户忙着探亲访友,小区一下子空荡起来,只有欧阿姨仍乐此不疲地穿梭在各幢楼房之间。待假期结束,好几户人家被贼光顾了,损失惨重。有一个叫刘珊的家里丢的东西最多,陪嫁的金饰、玉器等价值10多万的物品都不见了。报完警后,几家人凑在一块唉声叹气,正好欧阿姨提着一捆纸箱走过。刘珊怀里几个月大的小孩恰巧哭起来,她气不打一处来,打了一下孩子屁股,骂起来:“现在什么世道了,没皮没脸的,为了几个钱可是什么事都做得出来!‘出入关门’,这墙上都贴着的,可偏偏有人横冲直撞,没个规矩。和这种人住一块,真是倒了八辈子霉!”刘珊边说边狠狠地瞪着欧阿姨,其他几户人也是指指点点,抱怨起来。因为欧阿姨经常把楼道门打开来搬纸箱杂物,以前就有人提过意见,现在出事了,自然矛头全指向了她。欧阿姨又羞又气,一时哑口无言。这时,一阵笑声传来,李阿姨几个老姐妹们跳完舞经过,听到众人数落欧阿姨,便打抱不平起来:“哎,我说刘珊,话可不是这么说的。现在到处都有监控摄像头,贼从哪里进来,查查记录就一清二楚了,怎么能说是她放进来的呢?再说了,门口有保安,真要追究责任,也是保安和物业公司的事。你们讲讲理,行不?”其他几个老姐妹也跟着帮腔,刘珊他们一时语塞,不做声了。欧阿姨感激地望了望李阿姨,低着头匆匆离开。

几天后的一个晚上，李阿姨听到门外一阵嘈杂，接着还有摔门的声音。她开门探头，见欧阿姨的儿子提着一大袋子东西垂头丧气地往楼下走，边走还边咕哝："老妈真是老糊涂了，整天捡破烂，给她东西也不要，唉……"李阿姨更觉蹊跷，看来欧阿姨的儿子没有不管她，那到底出什么事了呢。虽然捡破烂能增加点收入，但搞得众叛亲离的，也不值得啊。况且，都这个岁数了，要那么多钱干什么。想到这里，李阿姨叹了口气，欧阿姨最近脸色差了很多，而且很久没看见她和老伴刘叔一块散步了。

日子一天天过去，欧阿姨依然我行我素，小区的人也习以为常，见怪不怪了。这年元旦，小区出大事了——刘珊一岁多的女儿不见了！刘珊说，她中午下楼取了个快递，为图省事，就懒得关门，结果上楼就发现女儿不见了。刘珊简直崩溃了，见谁都眼泪汪汪，祥林嫂似的不停唠叨。报了警，她发动所有的亲戚朋友到处找，还是没有线索。中国这么大，万一被人拐卖了，要找回来的希望其实十分渺茫。这个消息让整个小区都沉浸在一片忧伤情绪之中，有小孩的家庭更是惶惶不安。到了晚上9点多，刘珊家沸腾起来了，女儿找到了！是欧阿姨找到的！在派出所民警的带领下，欧阿姨抱着小孩来到刘珊的家中。刘珊一见女儿，就"哇"的一声大哭起来，抱过孩子就要向欧阿姨下跪，欧阿姨赶紧把她扶了起来。

事情经过是这样的：自从上次小区发生失窃事件，欧阿姨就多了个心眼，平时见到眼生的，都会仔细观察一下，看看有无可疑。元旦那天，她看见一个中年女人抱着个小孩从刘珊家那幢楼出来，当时也没往心里去，就是习惯地多瞅了几眼。这一瞅，她发现问题了。当时天气挺热的，中年女人怀里的小孩却用被子捂得严严实实，脸都遮起来了。欧阿姨心里犯了疑，哪家人这么不会带孩子啊，这么个捂法，孩子非生病不可。但她不认识这女人和孩子，也不敢多说话，就一路悄悄跟着，看这女人去哪里。结果，跟着跟着就到了火车站，眼看女人就要上火车了，欧阿姨凭着直觉判定这女人是人贩子，果断地打了110。

此事传开，欧阿姨的形象顿时高大起来。小区的人再也不觉得欧阿姨碍眼了，看着她拖着塑料袋进进出出的，反倒觉得心里踏实。这是标准的义务治安员啊。很多家庭还自觉地把有用的废品绑好放门口，方便欧阿姨来取。小区一下又和谐起来。

俗话说团结就是力量，大家一团结就发现物业公司有问题，再深查，就揪出了物业公司经理贪污公款以及保安与不法人员里应外合的事。警笛鸣响，大家看着经理和保安被带上警车，无不拍手称快。有人说："现在全国都在抓贪腐，老虎苍蝇一个都不放过，隔三差五报纸上就有贪官落网的消息，真是痛快啊。"

李阿姨注意到欧阿姨表情变得不自然，一脸心事的样子，就拍拍她的肩，说："老姐啊，咱姐妹一场，有啥心事说出来舒服点。"欧阿姨点点头，说："走，去花园小亭子那边，有些事憋得太久，受不了。"

欧阿姨说，他儿子以前在市城建局当科长，这两年升了副局长，她就没睡过安稳觉。儿子权力大了，周围求他的人多，送礼送钱的人络绎不绝，虽然欧阿姨苦口婆心地教育儿子绝不能收不该收的东西，但总担心儿子把持不住。现在中央说了"零容忍"，万一儿子有什么事被查办，锒铛入狱，她可如何是好。于是，欧阿姨平时从不开口问儿子要钱，怕儿子缺钱就找外面的人要，害了儿子。老伴陈叔去年查出肾不好，欧阿姨担心将来换肾要花一大笔钱，就开始未雨绸缪，收废品挣钱。这些事两口子对儿子绝口不提，照欧阿姨的说法就是，不能给儿子找任何犯错的借口。儿子有时给他们送高级补品，欧阿姨就怀疑是别人送的，心里不舒服，不想要，就让儿子带回去，为这事还吵了好几次。

说到这里，欧阿姨抹了抹眼泪，花白的头发迎风飞扬，叹道："我心里苦啊，人人都盼着孩子出人头地，光宗耀祖，现在孩子有出息了，可我为什么总是忐忑不安呢。今天这些话，你保证不能说出去，不然，姐妹没得做。”

李阿姨点点头，眼睛湿湿的。多么善良无私的老人啊，真是可怜天下父母心。

过不多久，市城建局被查出贪污分赃窝案，据说领导班子被带走了好几个，欧阿姨的儿子除外。消息传来，欧阿姨阴云笼罩的脸露出了久违的笑容，在李阿姨连拖带拽下，重新加入了广场舞的队伍。不过，这次她们更新潮了，人人戴上了耳塞，跳起舞来静悄悄。

要命的癖好

别看方文耀长得高高大大，身体壮得像个运动员似的，他每天却非得变着法子吃点药才觉得舒服。感冒发烧按时吃药就不用说了，平时没病没痛也要吞点维生素、钙片之类的丸子。他母亲说，只因他幼年时体弱多病，打针吃药跟吃饭一般寻常。久而久之，才有了这个无药不欢的癖好。

这天，方文耀带上妻子王霞去逛街。在一家品牌店里，王霞正对着柜台里的首饰发呆，突然有个打扮时尚的漂亮女子笑眯眯地向他们走了过来。丈夫一介绍，王霞才知道这女子原来是方文耀的高中同学钱丽。

钱丽浑身珠光宝气，一看就知道混得不错。两人寒暄了一阵儿，临别时，钱丽打趣地说："你那癖好还保留着吧？哈哈，以后咱们多联系。"方文耀尴尬地笑了笑，钱丽已经一阵风似的飘然而去。

接下来的日子还算平静，但慢慢地，王霞察觉出异样来。方文耀虽然每天依旧按时回家，但到了晚上却总是一副无精打采的样子，早早就上床睡了。往日卿卿我我，甜蜜恩爱的热乎劲再也没有了。

王霞以为他工作辛苦，就天天炖汤给他滋补。但汤喝了不少，人还是照旧。王霞嘴上没说什么，心里却布满了疑云。

她偷偷地查看了方文耀的手机通话记录,果然有十来个钱丽打来的电话。王霞从此便多了个心眼,开始留意老公的行踪。

一个星期六的下午,方文耀接了个电话就匆匆出了门,说是有朋友找。王霞的心剧烈地跳了起来,悄悄地尾随其后。在一个咖啡厅的玻璃窗外,她清楚地看见方文耀正和钱丽有说有笑地谈着什么。末了,钱丽还递给他一个鼓囊囊的红包……他们这是干什么?王霞一阵头昏脑涨,跌跌撞撞地回了家。

不一会儿,方文耀哼着小曲儿回来了,吃饭时还高兴地开了瓶酒。王霞冷冷地看着他,不知他打的什么主意。酒足饭饱后,方文耀搂着王霞,动情地说:"以后,咱们有钱了,我要给你买钻戒,买漂亮衣服,让你过上体面的生活。"王霞一语双关地说:"偷鸡摸狗,见不得光的钱我宁愿不要。"方文耀笑着摇摇头,连说不会。

方文耀的精神似乎好了起来,晚上也不那么早入睡了。但王霞发现了一个更为可怕的现象——他经常神情恍惚地坐在一个地方发呆,有时嘴角还含着笑。这不是恋爱中人的模样吗?难道老公真的坠入情网了?

王霞心如刀绞,她竭力镇静了一下,希望他只是一时鬼迷心窍。只要能够回头,她还是能接受他的。

方文耀还是像往常那样捣鼓些药丸子吃,那样子可爱又可笑。有一次,药丸子不小心洒了一地,王霞正要去捡,方文耀一下子冲过来,飞快地把药收了起来。王霞越发奇怪,问是什么药。方文耀嘟哝着说是补肾药,王霞心里的疑云更浓了。

第二天,王霞仔细地搜索了卧室的每个角落,终于在墙脚找到了一粒深红色的丸子。她马上找到一位医院的朋友,让他帮忙看看是什么药,朋友竟然说不认识。朋友又说,估计是进口药,但看药的成分肯定是治性病的。

性病!王霞的眼泪"刷"地掉了下来。这些天,她觉着下身有点不舒服,也没多想。现在,她立刻想去检查一下。不好意思去朋友的医院,她就躲躲闪闪地去了家附近的一个小诊所。医生说她确实得了严重的性病,给她开了一千多元的药。

王霞感到无比的屈辱和愤怒,她再也不能忍受下去了。当晚,就与方文耀大吵了一架。方文耀死活不承认有外遇,反而对王霞患了性病深表怀疑。王霞快被气疯了,第二天就收拾衣物搬了出去。她想让自己好好冷静一下。

分居后的王霞一直在那家小诊所里治病,花了不少钱,仍不见好。爱之深,恨之切,她把方文耀的电话号码拉入了黑名单,后来,她隐约听人说,自从自己出走后,他好像受了很大刺激,大病了一场,但仍然和钱丽走得挺近的。王霞受伤的心久久不能复原,只想尽快忘记这个不能自拔的男人。

一天,王霞参加朋友聚会,那个医院的朋友顺口说:“最近打击了很多非法黑诊所,你家附近那家也是其中之一。”

王霞的头“嗡”的一声响,难怪她的病久治不愈,钱都叫这个小诊所黑了?她鼓起勇气去了一家大医院,结果更是震惊。她根本没患什么性病,只是普通的妇科病而已。

王霞的头剧烈地痛起来,自己为什么那么冲动,就闹起了分居?她不禁想起方文耀的种种好来,难过得哭了整整一个晚上。

又过了十几天,王霞正上着班,忽然接到方文耀的电话,他喘着粗气说:“你现在过来,就什么都明白了。”王霞急忙照着他说的地址,来到了一家医疗机构,办公室里挤满了人。王霞看到了钱丽,完全没有了往日的优雅。她头发凌乱,模样十分狼狈。方文耀一见王霞,就激动地说:“我们正在这里讨个说法儿,怎么能不把试药人的命当回事儿呢?”

王霞这才明白,原来这家医疗机构是专门试验新药的。新药投产前,不仅要找病人来试,还要找健康人来试,以便观察药物在人体内的代谢情况。

钱丽就是寻找试药人的中介。虽然试药报酬高，但很难找到长期合作者。她瞄准了方文耀从小爱吃药的癖好，把他发展成了专职试药人。

方文耀在短短几个月内先后试了镇静药、安眠药和治性病的药，由于违反安全试药规则，间隔时间太短，药物的副作用明显，所以才有了之前的反常表现。其实还有几个后果更严重，有的还患了精神分裂症，至今还在住院治疗。钱丽还从中赚取了每人百分之三十的报酬！这些试药人哪里知道，她赚的全是他们以命换来的钱啊！

讲到最后，方文耀低下了头，小声说："我欠你太多，一直很愧疚，那天见你盯着钻戒发呆，我心里特别难受。正好碰见钱丽，她说吃几天药就可以挣几千元，我就豁出去了……"

王霞眼睛湿湿的，她紧紧地握住老公的手，连连摇头，这个糊涂的男人啊，总算没有一直错下去。

诡异的玫瑰幻境

一、诡异的“血”房

李明辉满意地看着房子，脸上的表情可以用一个成语来形容——心花怒放。要说也是，这房子不仅位置和朝向好，而且价钱还比市面上低一成左右。

陪同看房的中介小姐小薇察言观色，大概看出他的欢喜，微笑着问：“先生，您看完了吗？有意向的话，我现在就联系屋主。”李明辉收敛起笑意，强装镇静淡淡地说：“不急不急，我再看看。”说完，李明辉煞有介事地把每个房间的角落仔细地扫了一番。走到主人房时，他忽然发现了一个奇特的现象：卫生间仿佛被施了魔法，居然是玫瑰色的！空气里若隐若现地流淌着玫瑰红，轻纱薄雾般，呈现妖娆迷离的幻境。若有若无地，似乎还有女子嘶哑低沉的歌声断断续续地传来。李明辉感到头皮发麻，喉咙发痒，不禁吐了口痰。“哎呀，我的天！”他惊呼起来，他吐出的居然是一口鲜红的血！

其实，李明辉并不真是要买房子，他来报社工作才三年，那点薪水只能解决温饱问题，在这个一流的大城市，他的房子现在还只是一个梦。

就在昨天，李明辉接到一个电话，一个人爆料，说一处宅子闹鬼——房间里沾水就出血，非常瘆人。于是，主人想把房子卖了。要是往常，李明辉毫不犹豫地先发个新闻出来。但这次他没有，原因是前一段时间因为没有好好采访，他的假新闻招来电话不断。他惹了祸，社长正横竖看他不顺眼，如果这次再捅了娄子，自己只好拍拍屁股走人了。想想自己大学毕业后，在这个举目无亲的城市打拼，能当上记者，已经很不容易了。

这时，小薇见李明辉愣神，笑着说："帅哥，想什么呢？是想女朋友吧？你还别说，就帅哥这相貌，如果房子到手，那靓女还不排着队来报到？现在，我们是不是先把眼下的活干好？"见李明辉不好意思地一笑，小薇接着说，"如果房子满意，我就给房主打电话吧？"李明辉点点头说："好啊。嗯，我刚才是有点走神，不好意思。"

大约半个小时后，一个胖胖的女人进门来，一看全身披挂，就知道是个有钱人。小薇见到胖女人，忙笑着迎上去，指着李明辉说："孙太太，这位就是要买房的李先生。"孙太太边走边看着李明辉，突然嘴一撇，不屑地说："小伙子，我这房子可一百多万啊！看你这身行头……"李明辉低头一看自己不到一百块的T恤，脸一下子红了。但他不愧是记者，马上清清嗓子说："孙太太，人不可貌相。再说，名人穿着朴素的多了。"看孙太太更不屑了，李明辉知道不能使劲吹，就叹了口气说，"不瞒孙太太说，为了娶老婆，我吃不饱穿不暖，就为了丈母娘要求的房子……说白了吧，我就是新房子买不起，才打算买二手房子的。"孙太太脸色缓和了许多，从包里掏出香烟，抽出一根点上，轻轻吐了一个烟圈，这才慢条斯理地说："我知道你们这些人很会杀价，老娘我见得多了。咱丑话说前头，这个房子地理位置优越，价钱不能再低了……再说了，买房子的可不是一个人，后面排着队呢。什么孙经理、王科长……算了，给你说这些也没用，你就痛快说吧，要还是不要？我还要去垒长城，没空陪你在这里瞎扯淡！"

“可是,我一下子实在拿不出这么多钱……要不……要不……分期如何?”李明辉说着走到孙太太跟前,小声说,“况且,这房子有问题……”说着,一指那个主卧室。

孙太太脸色大变,把手里的香烟抛到地板上,抓起自己的包就走,边走边对小薇骂道:“以后少找这样的穷鬼来烦老娘,老娘没空玩野雀!”中介小姐被骂得眼圈泛红,走过来抓住李明辉就往外推,李明辉心里笑着,跑了出来。

二、好奇害死猫

刚出来,李明辉的电话又响了,这次是那个爆料人打来的。

“怎么样? 我没骗人吧。告诉你,这个城市有好几处这样的房子,如果你有兴趣,我再告诉你几处。”

李明辉看看四周,人头攒动,但他清楚,这个爆料人一定就在附近,不然,不会这么巧,自己刚出来,他就继续爆料。

“这个新闻确实有价值。不过,别人爆料为了挣点钱,你这匿名爆料,到底是什么目的?”那人说:“你就别管这么多了,如果有兴趣,我把其余几处有问题的房子发短信给你。我想钓条大鱼,几十块钱的爆料钱,我不看在眼里。”

李明辉这才明白,原来,这人想赚大钱啊。想到这里,他笑着说:“这位先生,你的如意算盘打错了。我们报社是有规定的,爆料一则新闻多少钱,明码标价。再说了,我一篇稿子稿费不过几十块,我也不会自己出巨款感谢你的。这么说吧,你愿意跟我说就说,不愿意说我们各干各的。拜拜。”说完,李明辉挂了电话,向不远处的公交站牌走去。他想,这个新闻不写了,少惹是非为妙。正想着,手机来短信了,一看,竟是爆料人发来的,上面有三处房产的详细地址。

李明辉来了兴趣，回短信说：谢谢哥们，等完了事我请客。关了手机，李明辉先来到第一处房产的小区前面，找到一家中介公司，谎称有人提供信息给他，说某处房产要出售，他过来看看。中介小姐按照他说的在电脑里一找，还真找到了，高兴地说："先生你如果有意，我们派人跟你去看看房子吧。"李明辉高兴地答应了。

中介小姐打了个电话，半个小时后，一个人风风火火走进来，李明辉一看，竟是刚才那个中介小姐小薇。

小薇一看是他，也愣了一下，但随即镇定下来。然后领着他走进附近的一个小区。

果然像爆料人说的那样，这间房子也有同样的毛病，一口痰吐到地板上，马上就变成鲜红的血。李明辉用脚踩住那口痰，对小薇说："我看着房子不错，环境很安静，我想和房主面谈。"

小薇似乎愣了片刻，但还是拨通了电话。谁知，一个小时后，当房主走进来时，李明辉顿时呆住了，进来的竟然又是孙太太。孙太太显然也没料到会这么巧，她正打着电话，说了句："有人找麻烦，一会再说。"说完，挂了电话，走到李明辉跟前突然问道："你是记者？"李明辉没有准备，下意识地点点头。孙太太瞪了小薇一眼，说："房子我不卖了！"说完，转身就走。

李明辉见自己的身份暴露了，就追上去，说："其实，我就是觉得奇怪……"没等他说完，孙太太恶狠狠地说："年轻人，好奇害死猫！再见。"

望着孙太太的背影，李明辉笑了，心说：不就有点钱吗，至于这么嚣张吗？他决定报道这件事了。

回到报社，李明辉先找到社长，将这个情况说了一下，社长觉得也很有趣。如果说房主人为了卖房子故意弄得很悬，但看孙太太的样子，又不想谈这事。社长想了想说："我看这个可以做个连续报道。此新闻一出，必定会引起老百姓的热议,然后你再进行深入采访。”有了社长的首肯,李明辉下笔如有神,当晚就赶出了第一篇报道,上了第二天报纸《都市生活》的头条。社长看了也说好,还高兴地拍了拍李明辉的肩膀,那意思是说,小伙子好好干,有前途。

下了班,李明辉高兴地来到附近的小酒馆,要了几个菜,庆祝这来之不易的成绩,不觉酒喝得有点多了。午夜时分,他摇摇晃晃地走出酒店,顺着一条小巷向宿舍走去。

忽然,李明辉觉得腿上被人用什么狠狠打了一下,大叫一声倒在地上。惊回头,见一个蒙面大汉手提铁棍,对他小声说:“小伙子,走路看准道,走错了,腿会断的。”说着,又一铁棍下来,李明辉尖叫一声昏了过去……

三、惊人幕后

李明辉醒来时,已经躺在了医院里,市刑警大队的队长欧阳剑带着助手等在旁边。见他醒来,欧阳剑说:“昨晚幸亏我们的联防队员及时赶到,否则,你的另一条腿可能也断了。”李明辉一听,失声道:“什么? 我的腿断了? 谁干的……”说着,就要试图坐起来。欧阳剑摁住他,说:“小腿骨折。不过,医生说,你还年轻,应该能接上。好吧,你现在回忆一下,你得罪什么人了,为什么他们会对你下毒手?”

李明辉想了一圈,自己并没有得罪什么人啊? 忽然,他想起孙太太那句恶狠狠的话:“年轻人,好奇害死猫!”

“莫非是她?”李明辉喃喃地说。

“是谁? 你好好想想。”欧阳剑说着,递给李明辉一杯水。

于是,李明辉就把这几天发生的事讲了一遍。李明辉说:“两处房产均很诡异,我猜测爆料人说的其他几套房产可能都是孙太太的。”欧阳剑警觉起来。他让李明辉说得仔细一点，然后让助手快去查查，这几处房产在谁的名下。

不查不知道，一查吓一跳。这五处房产真的都是孙太太的。孙太太的个人情况也调查清楚了，是市城建局副局长秦文末的小姨子。孙太太只是一个国企的普通职工，哪来的钱买这么多套房子？欧阳剑觉得此事事关重大，一边安排警员确保李明辉的安全，一边赶到局里，向局长作了汇报。局长也觉得这里面有蹊跷，报告了市委书记。然后，关于秦文末的调查秘密展开了。

这一调查，结果惊人。秦文末的老婆、小姨子和小舅子名下竟有50多套房产。而这些房产，都是秦文末的财产。一个大贪官被揪了出来。但庭审时，秦文末对自己的房子为什么出现诡异事件说不清楚，只说出现诡异现象后，他也找过风水先生，但看来看去，风水先生也没说出个所以然来。这件事经媒体一渲染，老百姓都说是天意——“人在做，天在看”，“不是不报，时候不到”……

但李明辉没有因为这件事的结束而闲着，而是又忙了起来。他先打电话给在省科研所工作的老同学蔡一鸣，给他讲了这件事，问他能不能想法查出真相。然后，李明辉又试图联系爆料人，想深挖一下这件新闻背后的动机。

蔡一鸣听完这件事，带着仪器来到刑警队，欧阳剑在请示了领导后，陪同蔡一鸣启下了一处房产的封条，走进第一座诡异的房子。经过检查，蔡一鸣笑着说：“和我想的一样，这屋里有人捣鬼。”

“捣鬼？你是说，有人故意制造了这样的‘诡异现场’？”

“是的。屋子里洒满了一种叫‘碱性玫瑰精’的粉末。”蔡一鸣边收拾器械，边说，“‘碱性玫瑰精’又称罗丹明B、玫瑰精等，是一种鲜桃红色的人工合成染料。在溶液中有强烈的荧光，可用于细胞荧光染色剂或有色玻璃、特色烟花爆竹等行业。曾经用作食品添加剂，但后来实验证明其致癌，现在已禁止使用了。2012年9月，济南市某村庄一夜之间变成了红色，经调查发现，为掉落在附近高速路上的一袋碱性玫瑰精所致。”

可是，是谁在秦文末的房间里洒了这种粉末呢？欧阳剑也觉得，有必要找到爆料人。

半个月后，经过技术分析，爆料人找到了，这人叫张富贵，是进城务工人员，不善言辞，和妻子在做钟点工。

四、爱恨皆有缘

几年前，张富贵和妻子在老家务农，儿子张山在这个城市打工。一天，儿子打来电话，哭着说，自己和领导的儿子开车出去办事，路上出了车祸，一个上学的孩子被撞死。张富贵一听，头都大了，忙问：“车是谁开的？”儿子哭着说，是领导的儿子。张富贵松了口气，让儿子别担心，因为儿子刚大学毕业，连驾驶证都没考，怎么也不会成肇事司机。谁知，几天后，一辆轿车来到村里，说他儿子出事了，领导想和他谈谈。张富贵心惊胆战地来到城里，见到了领导——城建局副局长秦文末。秦文末先掏出好烟给张富贵点上，然后让别人都出去，这才说：“大哥啊，孩子出了事，我也很痛心。不过你放心，我一定想办法把张山弄出来……”

“领导，你说什么？张山，我儿子他怎么了？”张富贵手直哆嗦，香烟掉到地板上。

秦文末站起身，将香烟捡起来，重新递给张富贵，叹了口气说：“你可能还不知道吧？是这么回事。前几天，你儿子开局里的车出去玩，撞死了一个人……”

“没有的事！”张富贵急了，腾地站起来，结结巴巴地说，“出事那天，儿子就给我打电话了,说不是他开的。”

“老哥,你怎么这么糊涂啊！要不是他开的,人家交警的处理意见怎么是他的名字?”说着,秦文末推过来一张交警大队的处理意见。张富贵不看,他认定儿子没事,要见儿子当面问清。

几天后,张富贵在拘留所见到了儿子张山。开始,张山说,是自己撞死的人。张富贵急了,大骂道:“你这个混账东西,跟老爹还撒谎?你说,你连驾驶证都没有,怎么会开车?”儿子哭了,说:“爸,你别问了,这事我自己解决吧。”在张富贵的一再追问下,张山才说,是秦文末的意思。秦文末让张山顶替儿子做几年牢,出来后转为城建局正式职员。想到自己在这里举目无亲,要想出人头地势比登天还难,于是,张山想了一天一夜,决定接受秦文末的建议,顶包坐牢。

说到这里,张富贵已经泣不成声。

“我看木已成舟,也没有办法,只好含泪回了老家。谁知,一周后,拘留所打过电话,说我儿子闲的没事翻跟头玩,把脖子扭断,死了……”

“你没有报警吗?”欧阳剑问道。

“我也想报警,但当天乡派出所所长就来到我家,送来四十万元,说是赔偿金。并警告我,这事就这么过去了,不然,一分钱没有,还可能坐牢。你想啊,我一个小老百姓,哪敢跟警察较劲,那不是找死吗?所以,我只好另想办法……我要报仇……”

儿子死了一个月后,张富贵和妻子来到这个城市,在老乡的介绍下,做了钟点工。可能是秦文末良心发现,当张富贵找他找活时,不仅把城建局的卫生交给了张富贵,还让他们周末给他家打扫卫生。时间一长,张富贵发现,秦文末竟然有很多套房子。那一段时间,电视上到处都在讲“房叔”被抓的事,张富贵想,既然别的官因为房子能被抓,秦文末也应该跑不了。于是,他就想举报秦文末。可他大字不识几个,不知道去哪里举报。那天晚上,张富贵在出租屋里看电视，看到一个村庄一夜变红的故事，突发奇想，就到商店买了玫瑰精，趁打扫卫生的时候，将玫瑰精的粉末撒到很少有人住的房间，然后，打电话给报社，让记者来采访。他知道，记者都是嗅觉灵敏，不放过一点新鲜东西。只要这事报道出去，准会引起有关部门的注意。

说到这里，张富贵看了一眼欧阳剑，意思是就这些，还有什么不明白的吗？欧阳剑笑了，说："故事看似天衣无缝，其实还是有破绽的。你虽然是钟点工，可以去秦文末家打扫卫生，似乎具备做这件事的条件，其实没这么简单。出事的房子，都是秦文末空闲的房子，空房子还用打扫卫生吗？所以，撒'玫瑰精粉末'的另有其人，如果我猜得没错的话，那个人应该就是那个中介小姐小薇。我们调查了，小薇是你儿子生前的女朋友。"

张富贵想说什么，但没有说，只是轻轻点了点头。

欧阳剑接着说，因为"房叔"被抓，秦文末也很恐慌，就想把自己的房子赶紧出手。虽然名字不是写自己的，但傻子才相信作为一般市民的小姨子能在这样的一线城市买得起好几套房。于是，作为记者的李明辉得到爆料后，才以买房者的身份实地考察，渐渐发现了端倪。接连两次碰到李明辉看房，孙太太起了疑心，在证实李明辉是记者后，多年背靠大树、嚣张跋扈的性格使她没有多想，就找人在那天夜里打伤了李明辉，想给他点颜色看看。俗话说"福祸相依"，如果李明辉不是被打伤，警方也不会这么快介入这个案子。再晚几个月，秦文末将房子一卖，谁还能拿到他的把柄？

张富贵感激地看着欧阳剑，不知道该说什么。他终于明白，眼前这个公安局的领导虽然知道了这些事，但并没有让别人知道，不然，他就不会来到出租屋证实，而应该把张富贵请到刑警队。

欧阳剑看看张富贵的样子，站起身来笑着说："好了，此案已经结案了。刚才我说的话，只是一个故事。老哥保重吧，我去医院看看李明辉。"

张富贵一听，赶紧站起来，对一直坐在里屋的老伴说："快，给我找件新衣服,我也要去医院……”

二人来到医院,见李明辉的床前有个姑娘,在跟李明辉聊天。从李明辉满脸红晕的表情来看,这姑娘应该是李明辉的女朋友。谁知,当姑娘听到有人进来,一回头,大家都呆住了;但随即,大家又都笑了,是那种舒心的、释然的笑——因为女孩竟然是小薇姑娘。

我的女儿是“变色龙”

周卫彬刚回到办公室，手机突然响了起来，里面传来妻子李琪惊慌的哭喊声：“桐桐在学校门口被大货车撞了，正在县人民医院抢救，你快来呀！”周卫彬的脑袋顿时“嗡嗡”作响，霎时间一片空白。他的心揪了起来，顾不上请假，骑上自行车就往医院赶。桐桐可是周卫彬的宝贝疙瘩，一张小脸粉嫩嫩的，人见人爱，一看就是个美人胚子，完全没有遗传父母平庸的五官。今天出门时，还抱着周卫彬亲了一口……

急诊室外，医生护士出出进进，李琪早已哭成了个泪人。一问，才知桐桐头部受创，伤了颈动脉，因失血过多处于昏迷状态，但医院储血不足，还没输血，正在向血站调。

这时，周卫彬忽然看到这些医护人员里有一个熟悉的身影，仔细一看，竟是李琪的初恋情人欧阳飞。欧阳飞好像很焦急的样子，没有注意周卫彬的表情，径直走过来，对李琪说：“情况紧急，我们正在研究对策，你们不要急，桐桐不会有事的……”

周卫彬一听就急了，瞪着眼对欧阳飞怒吼：“我女儿生病，关你什么事！”李琪推了周卫彬一把，生气地说：“你干什么！欧阳医生难道说错了吗？”周卫彬固执地说:“我不用他管!”说着,转身对一个护士说:“赶快输我的血啊,我老婆的也行,人命关天啊!”护士错愕地看着周卫彬,轻声问道:“你们是什么血型?”周卫彬当即答道:“我是A型,她是AB型,桐桐好像也是A型。”护士听罢,眼神复杂地看了他一眼,啥也没说扭头便走。周卫彬怒火中烧,一把扯住她,大声吼着:“你这是什么态度? 到底行不行啊,你不说个明白,小心我去院长室投诉你!”那护士被他这一拉一扯,也火了:“好吧,你非要知道是吧? 那我告诉你,你女儿是O型,你俩的血型是不可能生出O型的孩子的! 明白了吗?”

欧阳飞摇摇头,径直走进办公室。

周卫彬呆若木鸡。好半天回过神来,伤心欲绝地盯着妻子李琪,说:“你老实告诉我,谁是桐桐的爸爸?”李琪气得全身发抖,说:“桐桐的爸爸是一头猪,一头蠢驴……你满意吗?”两人大吵一顿后立刻去验血,果然,周卫彬血型是A,李琪是AB,而桐桐病历上清楚地写着O型。两人这次是真的傻眼了。他们也知道,A和AB只能生出A、B或AB血型的孩子,是不可能生出O型的。

桐桐是周卫彬在产房里亲眼看着出生的,不可能抱错了。如果要说错,那只能错的是自己了,是自己一直被愚弄蒙蔽了。周卫彬悲从中来,绝望地看了李琪一眼,说:“我有点不舒服,出去一会。”接着便失魂落魄地走出医院。李琪颓然地坐在长椅上,往事一幕幕涌上心头。

当年新婚后不久,李琪的初恋男友欧阳飞出差来看她,约她去喝咖啡。那时,欧阳飞还在另一个城市读研究生。刚好李琪和周卫彬因为小事在冷战,和周卫彬的霸道粗犷相比,欧阳飞更显得温柔体贴。在那种浪漫暧昧的环境里,李琪一时糊涂,和欧阳飞去宾馆开了房。但事后,她一点没有偷情的愉悦,反而感到深深的愧疚。过不多久,李琪就怀孕了。周卫彬一改大男人作风,认真呵护照顾她,两口子的感情日渐融洽。按日子推算,李琪觉得孩子应该是周卫彬的，她后来也真心爱上了他，准备死心塌地和他过一辈子。但现在出了这么个事，莫非老天在惩罚她的那次不忠？李琪肠子都悔青了。

桐桐生死未卜，老公又走了，李琪感到一种从未有过的恐惧。正在这时，欧阳飞走了过来，站在李琪面前，想说什么，欲言又止。李琪叹了口气，说："在这节骨眼上，你最好不要出现在我们面前……""可是，我是桐桐的主治医生啊？"欧阳飞着急地说，"我是一个医生，怎么能有了病人退出去？这叫我以后怎么在医院领导面前解释？"李琪生气了，大声说："你不好解释，难道我好解释吗？我现在好好的，希望你离我远点！"

因为李琪说话声音很大，引得几个护士在办公室里冲这边探头探脑。欧阳飞重重地叹了口气，说："因为桐桐的病情复杂，为确保安全，需要从省城请专家来做手术，你先交3万元住院押金吧。"说完，转身就走。李琪这下子慌了，他们刚东拼西凑按揭了一套房，家里一穷二白的，去哪里借这3万元啊。情急之下，她放声痛哭起来。

走出去几米的欧阳飞听到李琪的哭声，又站住了，他回转身，用命令的口气说："你跟我来，我先替你垫上……"

"谢谢欧阳医生的好意！"随着声音，周卫彬从后面走了出来，咬牙切齿地说："我说过，你最好离我们远点！"欧阳飞愣愣地看着周卫彬，两手一摊，苦笑着说："真是狗咬吕洞宾，不识好人心！"

"你是吕洞宾？我看你是……"周卫彬的下半句还没说出，就被李琪把嘴捂住了。李琪小声对周卫彬说："行了，这些事以后再说。现在桐桐要做手术，需要3万元押金，我们先去想办法。"周卫彬抬头看看天，说："好，你等着，我这就去借钱！不管桐桐的爸爸是谁，我都认准她是我的女儿了。我疼她，她也依赖我，这就够了。为了桐桐，花多少钱我都心甘情愿。"说完，狠狠地瞪了欧阳飞一眼，转身走了。欧阳飞讨了个没趣，摇着头走向不远处的办公室。

李琪望着欧阳飞的背影，忽然觉得自己和老公不该这么对他，毕竟，作为医生和曾经的朋友，他并没有什么错。但又一想，老公在这样的情况下，能义无反顾地去筹钱，说明老公不想甩下她母女不管。想到这里，李琪心里不禁热乎乎的。

很快，周卫彬筹到了做手术的钱，正在他们交款时，那个护士忽然走了过来，红着脸，讪讪地说：“真对不起啊，两位。都怪我医学知识不丰富，桐桐原来是极为罕见的变色龙血型，刚才是O型，现在又变成A型了，这种血型全国十几亿人中也没几个。这位大哥，请原谅我刚才的无礼。”

护士说，这种血型学名叫类孟买血型，俗称“变色龙”。孟买血型是1952年在印度孟买发现的，而后，我国也发现过有人具有类似的血型，经过血型鉴定，与孟买血型相似但又不完全相同，所以称为类孟买血型。

“啊？”两个人一齐惊呼起来，血型也会变啊。护士十分肯定地点点头，说：“世界之大，无奇不有。桐桐的血型虽然是稀有血型，但我们已经通过一个变色龙群联系到了这个血型的志愿者，他们愿意给桐桐献血。江西、山东和福建的三个志愿者已经坐上飞机，最快的，三个小时就能到达医院。”

两口子激动地紧紧拥抱在一起，久久不愿分开。周卫彬知道，自己绝对是桐桐的爸爸，自己的胳膊肘有点弯曲，桐桐的胳膊肘恰恰和他一般弯曲，这种遗传还能假？变色龙血型？管它什么血型，千变万变只有真情不变。

第四辑

西洋镜

是谁让你灵魂出窍

一、鼻子有麻烦

这天下午，乌克兰克里米亚共和国议员纳托利开车回家，边走边用手拍着方向盘大骂。就在今天的议会上，一些议员竟然提出加入俄罗斯联邦。纳托利更希望克里米亚继续留在乌克兰共和国，对这些提议怒不可遏，当场就与提建议的议员动了手。当时，要不是别人拉着，他一定要把那人的脖子拧断。

突然，纳托利觉得自己的眼睛出了问题，前边好像挡上了一面墙——不是墙，是一辆高大的集装箱货车。或许是他太专注于想白天的事情了，不知道那辆大车是一直在前面还是突然挡在自己面前的，反正他觉得很危险，赶紧踩刹车。还好，没有钻进那辆大车的车底。“谢天谢地！”他刚想继续上路，只听“砰”的一声，后面有车撞上了他的车，他的车不听使唤，飞快地向前冲去。幸好他还没松开手刹，否则，自己的命就保不住了。即使这样，他的脸部还是触到了什么，他感到一阵剧痛，有咸腥的液体流入嘴巴。在昏迷前，他听到有人敲打车窗户，但说的什么，他已经听不清了……

不知过了多久，纳托利从疼痛中醒来，才发现自己被固定在一张床上，朦胧中，他看到几个护士围着他，其中一个见他的眼皮睁了一下，兴奋地说：“快去告诉戴奇医生，这人醒了。”纳托利这才发现，自己视线之内，除了白墙，就是横七竖八的管子将自己和仪器连在一起。他想动一下，发现大脑已经指挥不了躯体了。

“不要动，纳托利先生，因为车祸碰坏了你的鼻子，我们已经帮你修复了。不过，因为修复时打了麻药，现在你还不能乱动。”说话的是刚赶过来的戴奇医生，纳托利认识。在这个城市，谁不知道戴奇是著名的外科医生，经常在电视上和市民见面。因为自己也常在电视上露面，所以戴奇医生能叫上自己的名字，也就不足为怪了。

纳托利闭上了眼睛。由戴奇医生给自己动手术，他还担心什么？

因为伤势不是太严重，一周后，纳托利已经可以下地走动了。去年，他妻子生病去世了，唯一的女儿在外国留学，怕女儿担心，他没有告诉女儿自己出了车祸，所以，他现在只能请雇工照顾自己。

这天上午，纳托利正在医院的花园里和雇工聊天，戴奇医生边和一个护士聊天边向这边走来。纳托利赶紧站起来，闷声说：“亲爱的戴奇医生，我鼻子上这可恶的纱布什么时候能取下来？都快憋死我了！”戴奇医生听到纳托利叫他，让护士先走，然后笑着走了过来：“尊敬的纳托利先生，我理解你的心情。不过，车祸虽然一瞬间，但留下的病痛可要一点点祛除啊。因为你的鼻子被铁皮之类的利器割伤，整个下半部分都和脸部分开了，我们缝了几十针才让它复位，所以，不光现在不能解开，很长一段时间，你都要靠嘴巴来呼吸。这确实有点不习惯，但实在没有更好的办法。”戴奇医生说着，习惯性地耸耸肩，一副无可奈何的架势。

“那就让我出院吧，我还有很多事要做……”

“可以。”戴奇医生打断了纳托利的话，“下周吧，你就可以出院了。不过,你鼻子上的硅胶罩还要一段时间才能取下来,至于到底多长,要看恢复情况。不过,我保证伤愈后的鼻子不会留下明显的疤痕,我用了世界上最好的缝合线。”说完,戴奇医生又嘱咐了纳托利几句,就快步走了。他是著名的外科医生,很多手术等着他去做,可没有时间在这里聊天。

很快,纳托利办好了出院手续,可以上班了。不过,鼻子上那个硅胶罩确实难看,已经有数不清的人对他指指点点了。这天,他走到镜子前,自己试着按了按鼻子,一点疼痛感也没有。他想,医生就爱夸大其词。既然已经痊愈了,为何还带着这么一个难看的东西?想到这里,纳托利自己将鼻子上的硅胶罩取了下来,扔进垃圾筐里。他想深深地吸一口气,但还没享受鼻吸空气带来的快感,突然大叫一声蹲在地上——由于吸气过分通畅,有一种灵魂出窍的感觉。更要命的是,伴随着这种诡异的感觉,一种生不如死的痛袭击了大脑。纳托利赶紧哆嗦着爬向垃圾筐,从里面抓过那个刚扔掉的硅胶罩,也不顾着上面粘了垃圾,赶紧摁到鼻子上。

二、查找肇事者

车祸带来的后遗症如此痛苦,完全出乎纳托利的预料。他找到了戴奇医生,咨询处理这件事的办法。戴奇先让纳托利摘掉那个硅胶鼻罩,用鼻吸气。因为有了前面的教训,纳托利不敢用力吸气了,但即使轻轻吸气,也还是疼痛难忍。这种痛不是鼻子的,好像是大脑,也好像是全身的某个部位,反正说不出的痛苦。

纳托利皱着眉头拿过手术报告,指着其中一个图片说:“因为你的鼻翼完全被利器割裂开来,所以,我们在清除完里面的玻璃等碎片后给你缝合。我们的手术没有一点问题,现在的症状是车祸后遗症,你可以去找肇事者赔偿,其他的,我们医院无能为力。”纳托利听着也有道理,就来到交管部门,查找肇事车辆。因为车祸都会有记录,很快,肇事车主被找到了。但肇事车主拿着交管部门的证明,说自己没有一点责任,因为是纳托利的车突然刹车,才导致了追尾。肇事车主为了证明自己无罪,还让纳托利看了车祸的录像。果然,有一辆大集装箱货车突然改道,冲到纳托利的车前面,他才不得不紧急刹车。

"所以,你应该去找那辆集装箱货车的车主赔偿,这事和我没一点关系。况且,因为你违规刹车,造成了我的车也受了损伤,这事我都没提。你是大家尊敬的议员,不该这么反咬我一口。"

纳托利一听,还真是这么回事。现在,他也只好去找那辆集装箱货车的车主了。他不愿耽搁,当天又来到交管部门,希望提供那个集装箱货车的相关资料。负责此事的人双手一摊说:"车就在一个废弃的院子里。不过,我建议你不要白费工夫了。那辆车是报废车,早就没有车主了,一直停在一个停车场。那天,不知为何,那辆车就出现在公路上,肇事后,一拐弯开进一个废弃的大院子,一直停到现在。"

"你们难道没有责任查找是谁开的车?"纳托利生气地拍着桌子。

"尊敬的纳托利先生,虽然有这辆车在公路上的全部录像,但我们确实没有看到司机。所以,我们没法排查,还请你原谅。"

"这么说,那是一辆幽灵货车?你真会编故事!"纳托利摔门而出,开车来到那人说的那个大院子,果然,一辆集装箱货车停在那里,但汽车前边的玻璃早就没有了,挡在前边的,只是一个塑料板,板上有一个碗口大的洞。看来,如果不是幽灵作怪,那应该就是有人故意这么做,不然,一辆无主的报废车,怎么会无缘无故开到公路上,而在自己出事后,又拐进这里?这里离自己出事的地方不到五十米,这辆车就是完成它的使命后,就拐了进来。

纳托利越想越气愤,就来到警察局报案。探长谢尔奇接待了他。听完纳托利的叙述,谢尔奇也觉得这里面有蹊跷。他让纳托利把事件过程写成材料，然后立了案。

第二天，谢尔奇探长来到那个停车场，调看了门口的录像资料。发现那辆车开出去后，门卫并没有出来阻止。

“那天值班的是谁?”谢尔奇探长问值班的老头。

“这里只有我自己值班，这里就是我的家。”老头说着，一指身后的破沙发，上面有一床脏兮兮的被子，看来是晚上睡觉用的。

“那为什么这辆车开出去你没有阻止?”

老头点燃一支烟，看着窗外说：“那是你不了解情况。我要是在这屋里，能不阻止吗？我一个人值班，看着这些报废车一辆辆被肢解成废铁，谁能想到还会有车开出去？那天我肚子不舒服，跑了好多次的厕所，每次都待很长时间，我想，这辆破车应该是我蹲厕所的时候开出去的。可是，警官，反正是一辆破车，你管他干什么?”

“因为和一件案子有关。我想知道是谁把他开出去的。”

“那你可能要失望了。”老头无奈地笑笑，“你今天要不来，我还不知道有一辆破车逃跑了。”

三、独辟蹊径

调查无果而终。谢尔奇探长只好将情况如实讲给纳托利听，并开玩笑说这可能是一起诡异事件。纳托利闷声骂道：“你真是饭桶，我真怀疑你上大学时去谈恋爱了，根本没学到警察破案的知识。”谢尔奇探长并不生气，笑着说：“你还真猜对了，我大学时共谈过8次恋爱，其中一个前女友，就是现在的超模。不过，玩笑归玩笑，虽然那辆肇事报废车的调查没有实质性进展，但我突发奇想，能帮你指条明路。”纳托利瞥了他一眼，不满地说：“我已经听了你太多废话，有话快说!”

谢尔奇探长说，这几天，他边调查肇事报废车，边想这件事的前因后果，并查了相关资料。他发现，纳托利的这种症状，竟和一种叫“空鼻症”的症状很相似。空鼻症，学名为空鼻综合征，在医学上的解释是一种罕见的由鼻甲过度切除造成的鼻腔宽大伴反常性鼻阻等症状的医源性慢性衰竭性疾病，虽说定义是一种疾病，但医学界对此争议很大。其症状有鼻塞及鼻腔和(或)鼻咽、咽部干燥感，部分患者有窒息感、注意力无法集中、疲劳、烦躁、焦虑、抑郁、鼻腔浓涕、血性分泌物、恶臭、嗅觉减退等。很多人因为鼻炎的痛苦，选择了手术治疗，没想到，跳出苦海又入火坑。资料上说，鼻腔就是一台空气调节器，可以感受气味，对吸进来的空气进行加温加湿，同时发挥过滤作用。另外，鼻腔的黏膜，尤其是鼻甲的黏膜可以感受到有气体进入鼻腔。如果黏膜缺失多了，“空调”的作用减弱，呼吸时会感到一股凉风直接进入到肺里，产生非常不舒服的感觉。很多人认为，空鼻症与鼻甲切除过多有关。

“什么鼻甲鼻乙的，整这些有用吗？我在找肇事者，不是来听你讲解医学常识的。要听，我也要去医院听，比如戴奇医生，那可是远近闻名的外科医生。”

“少安毋躁，下面我就要说到他了。”谢尔奇探长给纳托利倒了一杯水，接着说，“你知道鼻甲又是什么吗？鼻腔里面有些凹凸不平的结构，解剖上称为鼻甲，表面覆盖一层黏膜，黏膜表面又覆一层黏液。如果把这部分切除了，手术后的症状和你的感觉类似。”

一听这话，纳托利腾地站起来，嘴唇哆嗦：“你是说，我的鼻甲让医生给切除了？我应该找医生算账？”

谢尔奇探长没回答，只是笑得有点讳莫如深。

纳托利点点头：“我明白了。谢谢你给我指条明路！”说完，纳托利径直开车来到另外一个医院做了五官科检查，结论正好和谢尔奇探长说得吻合，他的生不如死的痛，真的来自鼻甲切除。那个医生还翻阅了纳托利的病例，确切地告诉他，应该是医生手术时切除了鼻甲造成的。

气愤的纳托利找到戴奇医生，问他对此事有何解释。戴奇医生好像知道他要来一样，平静地说："其实，我该早告诉你的，手术是我做的，出现什么情况我还不了解？不过，鼻甲手术已经存在了近两个世纪，并不是每个患者手术后都会有这种可怕的后果。所以，我抱有侥幸心理，认为可能过一段时间就好了……"

"你这纯粹是狡辩，我现在怀疑，你是故意为之。"纳托利暴跳如雷，但因为硅胶鼻罩的作用，声音显得古怪难听，"我已经在别的医院检查过了，医生告诉我，即使车祸将我的鼻翼割开，也不至于伤到里面的鼻甲……"

"那个医生说得很对，我完全赞同。但我要说的是，他说的只是一般情况，而你就不一样了。你的鼻甲不仅被伤到，还塞满了玻璃和杂物的碎屑，如果不清理，那样直接缝合起来，几天后，你就会变成一个猪脸。但你知道，清理的过程很复杂，难免碰到不该碰的东西……这么办吧，既然你认为是一起医疗事故，我也不多辩解了，接下来，我来给你做弥补手术，人造一个鼻甲如何？"

纳托利气得脸色铁青："到这时候你还耍我？那个医生告诉我了，现在的医疗技术，根本不能再造鼻甲，只能从腿上抽脂肪，经过提取做干细胞培养20天左右，再注射到鼻腔中，形成一层保护膜。而这个东西，只能缓解神经紧张，根本不能起到标本兼治的作用！我要控告你，让专家来鉴定你是不是故意的！"说完，纳托利气呼呼地走了。

尾声

其实，还真让纳托利猜对了，戴奇医生就是故意这么干的。

加入俄罗斯联邦，戴奇医生是积极支持者。像所有激进分子一样，戴奇医生和所有希望加入的人一样,希望尽快公投,实现他们的愿望。但以纳托利为首的反对派,则想尽办法拖延这项计划的实施。事实上,政治从来没有什么绝对的对错,支持者和反对者都认为对方是敌人,想方设法"消灭"他们。那天,车祸受伤的纳托利被送进医院,由戴奇医生主刀做手术,当他看到纳托利被割开的鼻翼,忽然想到了一个怪点子。他趁护士不注意,在清理纳托利鼻子里的碎铁屑时,刀尖一转,纳托利的鼻甲就被割了下来,他深知"空鼻症"的痛苦,只想用这个办法,让纳托利没法工作,这样,就会减弱议会中反对派的力量。

果然,就在纳托利忙着找律师起诉戴奇医生的时候,公投结果出来了。纳托利这才发现,这些日子他只是为这点小事折腾,完全忘记了自己的公事。

会呼吸的密码

一、病毒

德黑兰霍梅尼国际机场，警官马哈穆德神情异常紧张，严肃地盯着每一个出入境的乘客。他刚收到伊朗国家安全局的密报，这天下午将会有人把一份关于核进展的情报偷运出去。当前，国内不法分子的冲突此起彼伏，国际制裁的呼声日渐高涨，如果在这个关键时刻再泄露国家的核心机密，无异于雪上加霜，后果不堪设想。但密报很含糊，除了注明该人是一名极年轻的伊朗女子外，还有一句莫名其妙的话：密码是活的。

马哈穆德把当天航班预订票的乘客逐个进行了排查，发现离境的年轻女子只有3人，一个是驻伊朗的英国女记者，一个是大学的女研究生，还有一个是外驻大使的女儿。他迅速调来三个人的档案资料，女记者31岁，是泰晤士报资深记者，英国人；大使的女儿15岁，伊朗贵族学校的中学生；女研究生25岁，就读于德黑兰大学医学院。凭着职业的敏感，加上密报的指示，马哈穆德很快把目标重点锁在了女研究生身上。

当一袭浅蓝长裙包裹得严严实实的帕尔旺娜经过安检口时，她被几名戴口罩的医务人员礼貌地请到了内间。她的行李箱被打开，里面的物品一件件被罗列出来，包括女性的私人用品。不过，当检查人员打开一个小盒子时，一只小猫咪怯生生地探出头来，嘴一张一合的，但发不出声音。

马哈穆德弯腰就要抓起那只小猫，却被帕尔旺娜伸手拦住了。

“警官先生，你要干什么？”

“哦，飞机上是不能带活的动物的，这个有规定。”

“可是，你不知道这是一只多么可怜的小猫咪。那一天，我正在校园的长椅上看书，突然觉得有个毛茸茸的小东西爬到我脚面上，我吓了一跳，低头一看，竟是一只刚出生不久的小猫。我是学生，没时间养猫的，虽然我很喜欢小动物。所以，我就想离开那里，谁知，小猫见我要走，用稚嫩的小爪子抓紧我的裤脚……你可以想象当时的情景，我是一个女性，那一刻，我隐藏的母性被唤醒了，所以，我取下头巾，将小猫包起来，带回宿舍……可是，随后我发现，这竟是一只可怜的哑猫。”

“你的故事很美，漂亮的小姐。可是，不管怎么样，我都要带走它。”马哈穆德听到帕尔旺娜说小猫是哑猫，就想，这应该是一只割了声带的小猫，为的是不被安检人员识破，顺利带上飞机。

“你们这是干什么？真主啊，请告诉我到底发生了什么事情！”面纱后面传来帕尔旺娜轻柔但愠怒的声音。随即，她将小猫藏在身后，还往后退了两步。

马哈穆德立即想到了情报上那句莫名其妙的话。

“尊敬的帕尔旺娜女士，我们现在怀疑您染上了一种罕见的病毒，传染性极强，请配合我们的工作。您最近是否因身体不适去过医院？”马哈穆德严厉地注视着她，似乎想从她的某个动作上发现什么端倪。

“啊，真主。我确实因发烧去过医院，吃完药就好了，没想到这么严重啊。”帕尔旺娜一声惊呼，缓缓地拉开面纱，露出一张青春的面孔，高洁的额头，清澈的眼睛因为含着一缕忧伤而愈发迷人。

马哈穆德和手下装作很专业的样子对帕尔旺娜进行查体温、测血压等一系列检查，结果，几个小时下来一无所获。帕尔旺娜的行李十分简单，除了几件换洗衣服就是几本书稿，身上也没有佩戴饰物。帕尔旺娜不时抬手看表，眼看登机的时间就要到了，她焦急地说道："我要去美国参加一个学术会议，劳驾让我先走行吗？你知道，这是一个多么重要的会议，可能会影响我的前程。"马哈穆德冷冷地答道："病毒猛于虎，我们必须为民众的生命安全负责，现在还不能让你离开。如果你果真被感染了病毒，并带入美国，这责任谁来负？"说罢，他突然指着一叠白色稿纸，随口问道："这是什么？难道网络时代，还需要带这么多纸吗？"帕尔旺娜淡然一笑："警官先生，这是我随身携带的稿纸啊，有了新观点、新创意立刻写下来画下来而已，凡是从事科研工作的人都是经常这么做的。谁规定网络时代，就不能用笔写写画画了？"

马哈穆德尴尬地笑笑，还是转身吩咐手下重新查验一次。多年的安全工作让他有种直觉，这沓白纸可能暗藏玄机！十几分钟后，手下沮丧地回来了，无奈地冲着他摇了摇头。马哈穆德眉头紧锁，眼睛像鹰一样锐利地盯着帕尔旺娜，说："帕尔旺娜女士，遗憾地告诉你，你携带的疑似病毒需要确诊，暂时不能离境。我想，这个病毒可能与这只猫有关，请允许我为这个可爱的小家伙做个全面检查。"帕尔旺娜眨了眨聪慧的眼睛，说："好的，警官先生。我也是学医的，回去后我会认真帮自己检查一下的。但是，这个会议非常重要，如果我身体无恙，一个月后我还是要出国的。"说完，她极不情愿地将小猫交给马哈穆德，拎着行李箱，一步一回头地走出了马哈穆德的视线。

二、跟踪

帕尔旺娜走后，马哈穆德将小猫带回去做检查，但折腾了一整天，小猫除了声带受损不能发声外，其他一切正常。那这个“活的密码”难道是帕尔旺娜本身？马哈穆德决定接近帕尔旺娜，看看能不能找出点蛛丝马迹。

帕尔旺娜住在德黑兰大学的研究生宿舍，平时除了上课就待在宿舍里，不爱购物，也没有男朋友。她的专业成绩十分优秀，曾获得数个国家级的奖项，论文也在国际专业杂志上发表过。这么美丽的女孩子性格居然如此孤僻，这让马哈穆德颇感意外。他乔装成学校的清洁工，有事没事在帕尔旺娜附近转悠。他发现帕尔旺娜返校后很快做了一次全身详细体检，当她拿着体检报告时，脸上浮现出愤怒的神情。马哈穆德心想，坏了，这个女人太难对付了，必须得尽快掌握她的犯罪事实，不然，下次可没这么容易拦截她。他增派人手密切注意帕尔旺娜的一举一动，终于有了一点眉目。

帕尔旺娜每个周末都会去郊区的一所盲人学校，并在那里待上好几个小时。她和校长很熟，经常热烈地攀谈着什么，从望远镜里可以看到两人谈得很默契。校长拉斯坦看上去是个乐观幽默的中年男人，在和学员们交流时经常开怀大笑，有时还用口哨吹几首欢快的歌曲，深受学员们的欢迎，就连马哈穆德也被他的口哨声迷住了。但帕尔旺娜除了和校长聊天，更多的时候是静静地陪着一位盲人男青年。她拉着他的手在花园里散步，朗诵著名诗人萨迪的《蔷薇园》，有时还会低声哼歌。她紧紧依偎着男青年英挺的身躯，帮他擦拭鼻尖的汗珠，这个时候的她显得温柔而伤感，眼睛里闪耀着动人的光芒。

莫非他们是恋人？如果是恋人的，可不可以从男青年身上打开缺口？马哈穆德立即展开对该男子的调查。

马哈穆德很快获悉这个男青年叫阿里，是帕尔旺娜的男朋友，一年前在一次爆炸中双目失明，帕尔旺娜一直不离不弃。那次爆炸马哈穆德记忆犹新，是伊朗不同政见者在闹市发起的人肉炸弹袭击，有不少路人无辜受害。马哈穆德不由对这个痴情的姑娘心生怜悯，但对她的侦察丝毫不敢懈怠。

这天，马哈穆德趁帕尔旺娜上课的空当偷偷溜进了她的宿舍。他戴上白手套，敏捷灵巧地把整个房间翻了个遍，然后不动声色地恢复原状，常人根本看不出翻动的痕迹。他忽然注意到房间的角落里摆着一排大玻璃瓶，里面有五颜六色的东西在蠕动。靠近一瞧，居然是彩色的蚂蚁！红的、绿的、紫的、白的……应有尽有。太不可思议了，蚂蚁们好像在开一场化装舞会，两只两只粘在一起，红红、橙白、蓝绿……各种颜色组合在一起，可爱极了。马哈穆德把这一奇特的现象用高清手机拍了下来，交给了安全局实验室的专业人员研究。他觉得，这些蚂蚁太奇怪了，会不会和传递情报有关？但专业人员分析了老半天，才得出一个结论，这些蚂蚁被人喂食了有颜色的东西，肚皮就能显出相应的颜色来。至于为什么会两只两只粘在一起，初步推断可能是给蚂蚁腹部涂了蜂蜜之类的东西。

马哈穆德的大脑飞速旋转着，这些彩色蚂蚁会不会是医学实验的一种呢？比如染色体配对？结果，情报人员反馈的信息是否定的。莫非是类似摩斯密码的一种谍报信号？马哈穆德的神经高度戒备起来，但回想起机场的一幕，所有的物件全没有密码的痕迹，甚至那沓白纸，他们都用特制的药水润湿过，在高倍显微镜下面，那仍然是一张张白纸。

三、意外

周末，帕尔旺娜像往常一样去看望阿里。刚踏进学校，远远地听见一阵嘈杂声，有个人正在和阿里激烈地争执并使劲地挥舞着手。帕尔旺娜快步走上前，一听，才知道两人在谈核问题时意见相左，一言不合就准备大动干戈了。

那个新来的人激动地说：“伊朗的核野心会给伊朗带来战争，人民也会为此付出代价，这是十分愚蠢的！你不知道吗？全世界爱好和平的人们，都在谴责这件事……”阿里怒火中烧，眼睛都红了：“你赶紧闭嘴！蠢货！国家强大了就没人敢欺负我们，这样不好吗？你才是真正的愚蠢！像你这种极端分子居然胆敢这么嚣张，是非不分，我虽然瞎了，也要和你拼个死活！”说罢就向那人扑过去。帕尔旺娜的眼泪突然夺眶而出：“阿里，你不会瞎的！绝对不会瞎的！核试验早该停止了，该死的核试验！该死的！”阿里闻声呆住了，想发火又发不出来，他挥舞着的手在空中画了个圈，无力地垂了下来，闷哼一声走开了。那人仿佛觅得知音，对着帕尔旺娜开始滔滔不绝地批判核问题，帕尔旺娜也热烈地回应着。两人正说得起劲，校长拉斯坦不知何时蹙着眉走了过来，帕尔旺娜吐了下舌头，立刻噤声，找阿里去了。

深夜，帕尔旺娜又开始饶有兴致地侍弄那些蚂蚁。这是从非洲弄来的巨蚁，身长足有5毫米，给它们喝牛奶就变成白色，喝红色果酱则变成红色，看着它们成双成对地舞蹈，她满意地笑了起来。不知何时，她感到小腿有点酸痒，俯身一瞧，好几只蚂蚁居然爬了上去，正要拂去，一阵倦意袭来，她软软地靠在椅子上睡着了。

可能睡得太沉，第二天醒来时已过了早课的时间，帕尔旺娜顾不上喝水，拿起书包就往课室跑。不巧的是，在校道的拐角处，迎面被一辆单车撞了个正着，帕尔旺娜摔了个大跟头，膝盖裂了个大口子，鲜血汩汩地冒了出来。对方吓了一跳，单车一扔，跑过来扶起她，着急地问：“天哪，太对不起了！真主会保佑你的！”说完，不等帕尔旺娜回答，抱起她就向附近的医院跑去。还好，经过检查只是皮外伤，并无大碍，医生帮她包扎好伤口，开了点药。帕尔旺娜一瘸一拐地往回走，心中不住地祈祷：真主啊，让一切都顺顺利利吧。如果要惩罚，就惩罚我一个人吧。

四、出境

一个月后，帕尔旺娜果真气定神闲地又出现在霍梅尼国际机场了，行李依然十分简单。她一见到马哈穆德，立刻出示了一份德黑兰最权威医院的体检报告单，上面显示健康良好。马哈穆德彬彬有礼地说："尊敬的帕尔旺娜女士，我们做例行的安全检查总可以吧。"帕尔旺娜微微一笑："当然可以，我非常愿意配合您。"

马哈穆德示意手下立刻开始工作，他则轻松地和帕尔旺娜聊着天。当手下再次沮丧地向他汇报一无所获时，马哈穆德眼睛看着那沓白纸，沉默了一会，声音变得十分低沉，说："如果我说不让您走，其实是为了您的生命安全，您会相信吗?"帕尔旺娜坚定地摇了摇头，答道："当然不信。谢谢警官先生的关心，我的生命没有任何危险，体检报告说明了一切。"马哈穆德点了点头，不疾不徐地说道："如果我说拉斯坦校长是美国人，您相信吗?"帕尔旺娜大惊失色，睫毛不停地颤动："怎么可能呢？绝对不会的。"马哈穆德也不说话，忽然吹起口哨来，正是拉斯坦吹过的那些曲调之一。一曲吹罢，马哈穆德神色凝重起来，郑重地说："这首歌是美国上世纪60年代的民歌，现在会唱这歌的美国青年已经不多了，更何况是其他国家的人呢。再者，这歌表达了对自由的向往及对神的蔑视，虔诚的伊朗人是绝对不会唱的。"

帕尔旺娜脸色变得非常难看，显然认同了马哈穆德的观点。她呆坐片刻，终于站起身，说："拉斯坦校长是不是美国人与我无关，再见了，我要登机了。"马哈穆德咽了咽口水，望着帕尔旺娜美丽的眼睛，温和地说："可爱的姑娘，您是否经常嗜睡？经常情绪波动并且神志模糊？您知不知道这种病会令人神不知鬼不觉地在2个月内暴毙?"见帕尔旺娜惊恐地张大了嘴巴，马哈穆德眼光柔和起来，说，"放心，上次你被自行车撞倒，是我安排的，我们已经悄悄为你敷了解药，控制了毒素的渗入。你这么聪明，怎么不知道那些蚂蚁早被人喂过毒药了呢？当你殚精竭虑把任务完成时，你也就一文不值了。"

帕尔旺娜突然放声大哭起来，眼泪把面纱和长裙都打湿了。哭了很久很久，她抬起头，红着眼睛颤声道：“好吧，谢谢你们救了我。是我的天真无知被人利用了，阿里一直反对我这么做，但是为了治好他的眼睛，为了那笔巨额报酬，我才铤而走险的。”

五、真相

因为阿里的眼睛在那次爆炸中严重受伤，如果要恢复视力必须到美国的顶尖医院进行手术，但手术费是个天文数字。帕尔旺娜开始恨死了那些不同政见者，是他们的人肉炸弹袭击夺走了阿里的眼睛。后来，在拉斯坦校的分析中领悟出政府的核研究才是悲剧的导火索，如果政府停止核研究，一切社会的矛盾不都解决了吗？就这样，帕尔旺娜答应帮助拉斯坦把一份关于核研究的情报带出去，公之于众，让国际社会对伊朗施压，彻底停止核研究。而拉斯坦则付给她一笔酬金，足够支付阿里的手术费。

帕尔旺娜是医学院的高材生，她研究出了一种会呼吸、有生命的情报密码。首先，她培育出7种不同的细菌，然后让其在7种不同颜色的紫外线光照环境里生长；随后再将这些细菌铺展到一种能够充当食物的胶状物质纸片上。这些胶状物质能让细菌在这种食物环境里很快生长，并显示出当初的颜色。7种颜色两两配对，就会有49种组合，所以可分别用来给26个字母和23个符号编码。例如可以用一株红色细菌与同样一株红色细菌配对，代表字母A；用一株红色细菌与一株蓝色细菌配对，代表阿拉伯数字8，等等。多种配对组合在一起，就可以表达一句话或一段话了。

那些白纸其实就是压印了细菌密码的“纸片”，待“纸片”变干后，细菌的色彩就看不见了，这些“纸片”看上去也就像是普通白纸，假若这封会呼吸的情报被他人截获了，如果不懂细菌色彩显示技术，也就等于截获了一张白纸而已；但到了自己人手里，就会按照约定的方法破译情报内容：他们会把这种特殊的“白纸”按压在胶状物质上，于是细菌密码就会长出相应的颜色，自己人就可以破译了。而这种会呼吸的密码，史无前例。

这个方法天衣无缝，帕尔旺娜相信无人可以破解。那些彩色蚂蚁就是专门用来研究颜色配对密码的，没想到自己差点送了小命。至于那个小猫，帕尔旺娜只是为了转移安检人员的视线。

马哈穆德静静地听着帕尔旺娜的完美计划，庄严地说：“我们伊朗民族内部的事情就让我们自己来解决吧。就像一家人，也许有小分歧，可是一旦面临外界威胁，这个家庭就会团结起来。暂且不说核研究的利与弊，我们既然生于斯，长于斯，就应该永远忠于斯！”顿了顿，马哈穆德接着说，“聪明的姑娘，我差点忘记告诉你，那次人肉爆炸案前段时间已经破案了，真正的幕后主使人是美国，是他们煽动不同政见者甘当人肉炸弹，死的是我们的同胞，得利的却是美国人。我们的聪明才智应该用在有意义的地方，报效自己的国家，不能再被别有用心的人愚弄了……”

帕尔旺娜惭愧地低下了头。

后记

不多久，美国中情局一个双面间谍传回消息，有份重要的间谍名单被泄露出去，使得美国在世界各地的组织链严重受创。当然，外人很难知道，伊朗情报局不知何时多了一位聪明美丽的姑娘——青春的面孔，高洁的额头，清澈的眼睛因为含着一缕忧伤而愈发迷人。据说，她的医学知识惊人，她创造的情报输出无人能破……

普罗米修斯的怒火

一、疑似天火

盛夏的一天，美国拉斯维加斯州郊外骄阳似火，约翰坐在一幢别墅的窗前，一边喝着咖啡，一边观看几百名员工在烈日下进行岗前培训。他让人将员工的制服设计成金黄色，阳光下训练的方队，怎么看怎么像一块硕大无比的金砖。经过几年的精心谋划和筹备，约翰位于市区黄金地带的超级商贸中心即将开业，他仿佛看见财富如洪水般滚滚而来。

手机突然刺耳地响了起来，里面传来保安惊慌的声音："约翰先生，大厦着火了！"约翰"腾"地站了起来，冲着手机吼起来："赶紧报警啊，笨蛋！"保安带着哭腔说："已经报警了，消防车正在路上。上帝啊，那熊熊大火简直就是从天上烧起来的，太不可思议了……"

放下手机，约翰眼前一黑。他定定神，赶紧驾车向自己大厦所在的大街驶去，远远就看见浓烟滚滚，那座华丽的大厦淹没在烟火中。消防车的汽笛声此起彼伏，有好多警察在维持秩序，疏散人流。约翰打开车门，嘴唇哆嗦着，好久才说了句："上帝啊！"心像刀子扎过一样疼，这可是他大半辈子的心血啊！他这次不光投入了全部的积蓄，还向银行贷了款，才将商贸中心准备妥当，各类商品都摆上了货架，究竟是谁这么恶毒地害他呢？

这时，一个保安领着警官保罗走了过来。保罗说，他安排警员们仔细搜查大厦的各个角落，并未发现什么可疑线索，他要在大火熄灭后，查看当天所有的录像资料。

几个小时后，大火被扑灭，保罗跟着约翰来到监控室。还好，由于监控室在最下层，火是从中间开始燃烧的，往下燃烧的火焰，还没有来到底层，就被消防员控制了。一行人几乎是趟着水来到电脑前，一个保安启动了应急电源，将保存的录像播放给保罗看。保安队长信誓旦旦地说：“今天我一直守在监控室，我在上帝面前起誓，连一只麻雀都没进入大厦。”保罗重新看了一遍录像，果然像保安队长说的那样，整个画面开始是空荡荡的，后来就是一片火海。约翰说：“今天大厦里面一个人也没有，只有保安在门口值班，其他员工都在郊外进行岗前培训。这……这到底是怎么回事？”

保罗低头沉默了一会说：“现在看来，可以排除人为因素；会不会是电路短路问题呢？”约翰瞪着他，有点不耐烦地说：“电路？不可能！每个房间都还没通电呢。”保罗听了耸耸肩，苦笑着说：“这也不是，那也不是，难道是上帝放的火？”说完这话，保罗觉得这时候不该开玩笑，接着说道，“无论如何，我们都要查清的。现在，你说一下仇人的名字，比如商业竞争对手？”约翰木然地摇了摇头：“我是个画家，崇尚艺术，没干过伤天害理的事。而且我一向买卖公平，哪有什么仇家？”

保罗点点头，说：“现在，带我去您的办公室看看吧。”约翰一声不吭地带着保罗来到自己的办公室。

约翰的办公室位于十二层背光的位置，相当宽敞，被大火烧过后遍地狼藉，但依稀能看出原先的雅致。保罗环视四周，耸着鼻子问道：“有一种什么奇怪的味道吧？”看着保罗疑惑的眼神，约翰指着几个烧焦的颜料桶道：“是松节油的芳香，颜料中必用的东西。"说着，约翰跺着脚说，"你看我创作了一半的这幅《被缚的普罗米修斯》，也烧成了灰烬……"

保罗同情地拍拍约翰，说："别难过了，尽早联系保险公司吧。我们警方也会加紧破案的。"

二、一封迟到的信

听到大厦失火的消息，银行、供应商、客户的电话此起彼伏，他们都怕自己的钱打了水漂。约翰整日如坐针毡。

约翰把秘书叫到自己的临时办公室，无奈地说："保险那边怎么样？我们不是签了合同吗？"秘书一脸的无奈："约翰先生，合同是签了，但您老是不签支票……所以保单尚未生效。"约翰顿时像斗败的公鸡，蔫了。他现在是世界上最倒霉的人了，本想拖欠一段时间的保险费，没想到火灾在这个空当时降临，现在一个硬币也拿不到了。

约翰拨通保罗的手机，被告知警方毫无线索，现在仍在调查中。

秘书小声说："外界都传说……是'天火'……"

"放屁！"不等秘书说完，约翰就指着他的鼻子骂道，"我才不相信什么'天火'，一定是有人蓄意谋害我！如果抓到那个该死的家伙，非将他千刀万剐不可！"

那天晚上，约翰把自己关在屋里，一边喝酒一边傻笑，迷迷糊糊中睡去。在梦中，他又回到了以前卖画为生的日子，虽然穷，但很快乐，常和一帮朋友喝酒。后来，还出现了一个美丽的女人……

约翰吓了一身冷汗，醒来后再也不敢合眼。

度日如年地过了几天，约翰想去警察局催一催。刚一开门，差点和一个邮差撞个满怀。约翰正想发火，邮差问道："请问，你是约翰先生吗？"约翰没好气地点点头。邮差赶紧拿出一封信,说:“亲爱的约翰先生,非常抱歉,请您一定要原谅我们的过失。”他郑重地把一封泛黄的信交到约翰手里,“这封信一年前就寄到了,但不知怎的掉在了柜子的夹缝中间。上星期我们换了新局长,进行了一次大扫除,整理信件时才发现的。虽然过了一年时间,我们还是决定送过来。”约翰瞥了眼信封,身子猛然一震,因为他看到一个熟悉的名字——爱丽丝。

邮差走后,约翰迫不及待地撕开信,里面是厚厚的十几页的信纸,他浑身颤抖,努力控制情绪看下去。看到一半时,他突然大叫一声,昏倒在地。

几天后,约翰在医院里苏醒过来,整个人变得神情呆滞。前来探望的保罗警官在征得他的同意后,也打开了那封信。保罗越往后看,脸上越是呈现出严肃的表情。等看完信,他长长地叹了口气,说道:“上帝要毁灭一个人,必先令他疯狂。约翰先生,这封信还是不够全面,外人根本看不懂,你能否把事情的来龙去脉给我讲一遍?”

约翰叹了口气,说起了一段往事。

三、爱恨皆有缘

五年前,约翰还是个穷困潦倒的画家,在一次画展上认识了美丽忧伤的爱丽丝。爱丽丝是位建筑师,丧偶不久。当时两人都被鲁本斯的油画《被缚的普罗米修斯》吸引住了,并一见如故。虽然爱丽丝比约翰大十几岁,但共同的爱好穿越了时间和距离,两人热烈地相爱了。爱丽丝的先夫曾是当地有名的富商,为了不惹来闲言碎语,两人约定暂时不公开关系。

有了爱情滋润的爱丽丝事业上也是一帆风顺,她通过竞标夺得了州中心大街一座酒店的外部重装修设计工程。碰巧,酒店对面的大厦正在低价拍卖,爱丽丝凭着多年的经验,断定这是个绝佳的投资机会,便当即倾囊而出买了下来。约翰高兴极了，请爱丽丝去当地最豪华的奥斯曼酒店庆祝。约翰含情脉脉地望着爱丽丝，说："你是我见过的最聪明美丽的女人，如果能娶到你，那将是我一生的幸福！"爱丽丝甜甜地笑了。

当晚，两人喝得酩酊大醉。

正当爱丽丝对未来充满期待，全身心投入到工作中时，却察觉到了约翰的冷淡。她想方设法哄他开心，谁知约翰冷冷地说："我现在不爱你了。你是个工作狂，我们不合适。"爱丽丝的眼泪奔涌而出，说："为什么？我是真的爱你呀，如果你嫌我工作太忙，我现在休假好不好？只要你爱我，我什么都可以放弃……"约翰甩开她的手，头也不回地走了。爱丽丝霎时间跌进了痛苦的深渊。直到有一天银行传真了一份信用资料给她，她惊讶地发现自己买的那座大厦居然不见了，还有先夫留下的大部分财产也不见了！震惊之下，爱丽丝请来律师调查，才获悉醉酒那天，约翰趁她神志恍惚让她签署了一份文件，将包括大厦在内的很多财产无偿转让给了他！

爱丽丝感觉自己就要崩溃了。原来从头至尾都是一场骗局！她可以不要爱情，但要夺回财产！约翰的手机早换了，住处也换了，爱丽丝根本无法联系到他。所有知道内情的人，都对她投来同情的目光。爱丽丝快疯了。

所幸爱丽丝还有份热爱的工作可以寄托。她在做设计时，每每看见对面那座被骗走的大厦时，就有熊熊大火在心底燃烧。那天，爱丽丝灵机一动，立刻修改了图纸的设计方案。她一个弱女子将用自己的方式来报复那个骗子，那就是神不知鬼不觉地烧毁那座大厦！

说到这里，约翰停住了，他转过头看着保罗，咬牙切齿地说："我低估了这个女人。我忘了她是建筑设计专家，她要报复我，要我的命，根本不用刀，用她的专业知识就够了。可悲的是，我知道得太迟了。"

四、自作孽，不可活

没错，爱丽丝运用自己的专业知识，将酒店的南面全部设计成独特的凹面玻璃。这在外人看来既时尚又美观的设计，其实暗藏杀机。因为这样设计，酒店的玻璃墙就变成了一面超级大的凹面镜。这之前，爱丽丝通过天文学家的朋友，测算出在夏季最炎热的那几天，太阳和地面的角度正好将炙热的阳光聚焦反射到约翰的办公室。这样，约翰办公室内的最高温度可达60摄氏度！而60摄氏度是什么概念？它可以让某些东西燃烧起来，比如油画中常用到的松节油……约翰虽然画得一般，但到处以艺术家自诩，所以，他在办公室里安置了一张大桌子，上面摆着画布和颜料。更重要的，是那几桶松节油，就摆在很明显的位置，像在昭示主人的高雅。

酒店工程很快完成了，爱丽丝的计划即将完美上演。她经常用望远镜观察对面大楼的动静，约翰忙碌地指挥着工作人员干这干那，一副踌躇满志的模样。

“忙吧，忙吧，你就快完蛋了！”爱丽丝在心里嘲弄地说。

可后来有一天深夜，当爱丽丝放下望远镜时，忽然泪流满面。她看见约翰在作画！画的正是那幅《被缚的普罗米修斯》。她回忆起当初浪漫的时刻，两人的感情多么真挚啊。她想约翰之所以后来变成那样，大概是穷怕了，他为了画画可吃了不少苦。如果他改过自新，她愿意一切重新开始。一想到约翰那张英俊的脸将在大火中痛苦地毁灭，她后悔极了。

爱丽丝飞一般冲下楼，穿过马路，来到约翰的楼下，想立刻告诉他真相。她刚报出自己的名字，保安立刻鄙夷说：“请回吧。老板交代过，如果有个叫爱丽丝的疯女人来找他的话，一律不见。”

爱丽丝绝望了。万般无奈之下，她只好写了一封信，告诉约翰真相。因为现在,只有这古老的通讯方式,才能将这件事告诉约翰……

保罗警官疑惑地看着约翰,问道:“就算这封信不巧掉进了两个柜子的缝隙里,没有按时到你手上,爱丽丝她人呢? 她这一年中都没再见过你吗?”

病床上的约翰眼睛空洞洞地望着天花板,带着哭腔说了句:“天意啊!那几天,我遭了魔一样讨厌她,就在她寄完信回去的路上,我派手下用一辆假牌照的小货车撞死了她……”

保罗轻轻说了句:“天哪!”

几天后,约翰瞪着眼睛指着天花板气绝身亡,护士听到他最后说:“爱丽丝,原来你始终在爱着我,对不起。”

塞舌尔的爱情谋杀

五月的塞舌尔碧海银沙，空气中弥漫着淡淡的栀子花香。这是个西印度洋岛国，每年的旅游观光者络绎不绝。女侍应练莉莉在海滩边的海椰子酒店工作多年，这天遇到一对奇特的情侣。

男的很年轻，二十几岁，相貌俊朗，脸上总挂着阳光般灿烂的笑容，很招人喜欢。女的则是一位看上去六十多岁的老妇人，尽管身材苗条，披着长卷发，但皮肤松弛，满脸皱纹，眼睛里满是冷漠。看着男的十分亲密地打着伞，殷勤地跑前跑后忙个不停，练莉莉有点鄙夷地笑了，美女傍大款见得多了，现在俊男傍富婆也不足为奇。她叹了口气，自己千里迢迢从中国来到塞舌尔打工，不也是为了多挣点钱吗？她自怨自艾的同时，注意到登记簿上两人的情况：李祥林、叶芷妮，中国山东人。

接下来的几天，练莉莉经常看到这对情侣，两人的表现让她越发感到奇怪了。叶芷妮完全没有富婆的架势，不仅打扮朴素，而且吃的、玩的全是挑最便宜的，有次甚至因为李祥林晚餐点了条红绸鱼而大发脾气。刚打捞上来的红绸鱼鲜嫩丰美，是当地的特产，深受游客的喜爱，当然，价格也是不菲。只听叶芷妮怒气冲冲地瞪着眼：“就你懂得享受？孩子的奶粉尿布哪里不需要花钱？我现在就回国，你自己一个人慢慢吃！”说罢“腾”地站起身就走。李祥林着急地拉住她，好一阵温言软语，最后还亲了她几下，这才平息了下来。

练莉莉有点同情这个男人，同情之余疑窦顿生，以这男人的相貌人品，凭什么对一个岁数可以当妈的老女人千依百顺，这背后究竟隐藏着什么阴谋呢？他俩居然还有孩子，普通的柴米夫妻又怎么舍得花几万元来这里旅游呢？

在海椰子酒店，四处可见国宝海椰子的痕迹，整个岛都荡漾着一股浪漫的情调。海椰子的果实像女人的屁股，让人脸红心跳，所以又名爱情树。

这天，练莉莉像往常一样在吧台调着鸡尾酒，因为前天晚上下了场大暴雨，空气湿漉漉的。李祥林忽然出现在她面前，惊慌失色地说："莉莉小姐，我想向你说件事。昨晚，我和芷妮在五月谷散步。天突然下起暴风雨来，我们就跑进椰树林躲雨……进到园子里，漆黑漆黑的，一个人也没有，只听海椰子树发出阵阵沙沙声。我抬头一看，远处有两棵海椰子树正纠缠在一起呢，声音正是从那里传过来的。后来，雨小了，我们才出来。出来后，别人都说我们要倒霉了！"

"天哪，你们居然敢在暴风雨的夜晚去五月谷？"练莉莉惊叫起来，"你们真的要倒霉了！风雨交加的夜晚，雌雄海椰子树会在一起'亲热'，如果有人目睹这一'浪漫时刻'，日后他会接二连三地碰上倒霉事。所以，没人愿意成为海椰子树恋爱的'见证人'，即使有人听到传说中的'沙沙'声也不敢前去一探究竟。这个传说，你没听过吗？"

李祥林垂头丧气地摇了摇头。

练莉莉见他情绪不好，就安慰道："其实也只是个传说，当不了真的。你们来旅游，很快就回国了，不会发生什么事的。"说到这里，练莉莉望着他英俊疲惫的面孔，心生怜悯，忍不住问道："爱情真的可以超越年龄吗？"李祥林闻言脸色大变，狠狠地看了她一眼，头也不回地走了。

很快，李祥林夫妇冒犯海椰子的事传得街知巷闻了。人们不自觉地悄悄避开李祥林他们，唯恐也招惹上什么祸端，只有练莉莉除外。

练莉莉一如既往地表现得十分友好，这令身在异乡的李祥林、叶芷妮感到分外温暖，两人和她渐渐亲近起来。这天黄昏，李祥林二人去海滩散步，专门邀请练莉莉帮忙拍照。李祥林很兴奋，和叶芷妮绕着椰子树追逐嬉闹着，练莉莉不想充当电灯泡，就沿着海滩拾贝壳，越走越远。走了好一会儿，练莉莉觉得肚子不舒服，只好半途折返。这时，她突然远远地看见李祥林他们那里围了一群人，声音嘈杂。她预感不妙，赶紧奔了过去。只见李祥林抱着手臂坐在地上，满脸痛苦，哼哼叽叽的，叶芷妮在一旁伤心地哭，地上还有几个砸烂的海椰子。练莉莉吃惊地问发生了什么事，没等李祥林说话，旁边一个面带诡秘笑容的红头发老太太颤颤地说道："他们遭报应了！海椰子的传说是真的！刚才我们看见有好几个海椰子从几米高的树上飞下来，径直砸向女的脑袋，幸亏男的反应快，推开了她，他自己的手臂却被几十斤重的海椰子砸中了……"练莉莉不可思议地嚷嚷道："这怎么可能呢？管理员每天都会检查海椰子的数量和成熟情况，它们不会自己掉下来的，太可怕了！太邪门了！"

这次，在叶芷妮的强烈要求下，惊魂未定的两人订了机票，准备提前回国。临走前的上午，练莉莉特地买了印有当地标志的精致明信片来到他们的房间，准备送行，谁知却扑了个空。前台的服务小姐指着寄存的行李说："他们的行程里还有个免费的潜水项目没消费，他俩怕浪费，去海边了。"练莉莉心里一沉，心中的疑惑越来越大，寻思良久，她拿起了电话。

海边，李祥林和叶芷妮全副武装，换上了潜水服并戴上了面镜。两人相视一笑，李祥林紧紧地拥抱了一下叶芷妮，准备下水。

"慢着！"练莉莉领着一个神色冷峻的男人急匆匆地奔了过来，"这是迈克尔警官，负责这里的治安。"迈克警官一边示意叶芷妮脱下潜水服，一边说:“请出示你们的护照。”李祥林有点恼火地看着练莉莉问道:“莉莉小姐,你到底想干什么?我们犯了法吗?别捣乱好不好?”接着,李祥林又转向迈克警官,“护照在宾馆里,如果您需要,我这就去拿。”练莉莉冷冷地瞧了他一眼,说:“如果我没有猜错的话,你想跑吧?”李祥林就是一愣:“我为什么跑?”练莉莉取出一大沓照片,里面正是那天海椰子掉下来的连拍照片,她指着一张照片说:“看看这张吧,照片是一个游客偶然中拍到的,他交给了我。”在那张照片里面,李祥林正弯腰拴着什么!李祥林的脸涨红了,一言不发。

迈克警官说:“你故意用树藤一端绑住海椰子,另一端沿着树干垂下来。当你太太走到树底时,你拉动树藤就能让海椰子掉下来砸向你太太吧。”叶芷妮闻言痛苦地捂住了脸,眼泪止不住地往下流。

迈克警官接着说道:“我们仔细检查了那棵海椰子树,海椰子的果实与树干相连的部位有刀具切割过的痕迹,如果再加上外力作用的话,即使未成熟也很容易就掉下来的。所以那次不是意外,是人为的。我说得没错吧?”

叶芷妮脸色突变,直勾勾地盯着李祥林。李祥林焦急地说:“芷妮,别相信他们的鬼话,你一定要相信我,我是永远不会害你的。当时是我把你推开,反而砸到了自己的手。”

“那是因为恰好我到你们附近了,你做贼心虚罢了。”练莉莉嘲讽地插了一句。

李祥林用手狠狠抓着自己的头发,抱头蹲在地上。

迈克尔警官不紧不慢地说:“刚才赶来的路上,我调取了你的个人资料,你是生物专业的,这次的双人塞舌尔十天旅游是公司年终抽奖抽中的。让人奇怪的是,除了公司赠送的普通旅游险种外,你居然还自行购买了你们夫妇的境外旅游意外险,价值100万元。你利用海椰子的传说,制造种种意外假象,就是想牺牲你太太来骗取保险吧。好了,不多说了,我现在要检查你们的潜水装备,估计这里也做了手脚吧。”

叶芷妮呆呆地听着这席话，满是皱纹的脸剧烈地抽搐着，她快速地脱下潜水服扔在地上，然后突然纵身一跃，跳进茫茫大海！

遭此突变，在场的人都惊呆了，还是迈克尔警官反应快，立刻呼唤救生员下海救人。等湿漉漉的叶芷妮奄奄一息地被救上来时，李祥林扑在她身上放声大哭，声音凄厉，让人心碎。迈克尔警官镇定自若地安排医护人员进行救治，同时细心地检查两人的潜水装备。以他的丰富办案经验判断，如果要做出潜水意外的假象，一般都是事先在对方的氧气瓶上动点手脚。

几小时后，练莉莉和迈克尔神色凝重地走进病房。叶芷妮已经苏醒过来了，李祥林在一旁小心伺候着。练莉莉望着叶芷妮，轻声说："我们找到证据了，你想不想知道？"叶芷妮脸色变得惨白，咬着嘴唇沉默半晌，缓缓地说："其实，这一切都是我和祥林商量好的，他是被我逼着来帮助我自杀。"听到这话，在场的所有人都呆住了。

叶芷妮继续说："我现在越来越老，试问天下哪个女人能忍受自己变成这个模样？莉莉，你知道我的真实年龄吗？我今年26岁，却看上去像62，对吗？"

练莉莉吃惊得说不出话来，只有李祥林发出痛苦的呜咽声。

叶芷妮反而很平静，像是在说别人的故事。她生完孩子后，几个月间迅速变老，骤然老得像个60多岁的老妇人，惊吓之余，四处求医才知自己得了一种叫"获得性皮肤松弛症"的病。这是一种非常罕见的疾病，全世界都没有多少例，表现为面部皮肤急剧松弛和下垂，属世界医学难题。自从有了这个病，叶芷妮不敢照镜子，不敢上街，渐渐就有了死的想法。碰巧李祥林公司有这个旅游机会，她就想趁机死在这里。

"请你们不要抓祥林，是我逼他这么做的。莉莉也可以证明，我的脾气一直不好，总是在欺负他。"叶芷妮说到这里，忽然笑了，皱纹散开，宛若菊花。

练莉莉和迈克尔警官迅速地对视了一眼，耳语了好一阵子，迈克尔警官的神情好似恍然大悟一般。他站了起来，彬彬有礼地说："这是我遇到的最奇怪的案子了，不过，现在总算弄明白了。感谢你们，祝福你们！"说完就离开了。

叶芷妮不解地问练莉莉："祥林是不是真的不用处置了？我们是不是可以回国了？"

练莉莉眼睛忽地湿润了，她握了握叶芷妮的手，充满感情地说："是的，没事了。但请等等，多留一天再回国。"

叶芷妮和李祥林在忐忑不安中又在岛上待了一天，当清晨的阳光照进酒店的窗户时，练莉莉微笑着出现在他们面前，手里拿着一个信封。

"海椰子是爱情之树，塞舌尔是爱情之岛。我们的岛民最爱戴和尊重拥有爱情的人，请收下我们的一点心意。"

叶芷妮疑惑地打开信封，里面是一张100万元的现金支票！

原来在这一天里，练莉莉通过媒体为他们筹集了这笔钱，迈克尔警官破例参与了此事。那天，他本想找到李祥林对叶芷妮潜水设备做手脚的证据，不曾想却发现李祥林对自己的潜水设备做了手脚——他故意将自己的气瓶换成了纯氧度和潜水深度不匹配的气瓶。这样调换的结果就是，李祥林潜到水深处后，只要一开气瓶，立刻就会身亡。他要害的人不是叶芷妮，而是他自己！

迈克尔警官百思不得其解，直到听叶芷妮讲出病症，并试图为李祥林掩饰和包庇时，才恍然大悟：李祥林是想通过自己的意外身亡为叶芷妮赢得一笔巨额保险金，因为整形手术需要一大笔钱。

练莉莉羡慕地对叶芷妮说："你真有福气啊，他愿意用自己的命来换回你的美貌呢，这100万元足够你去做整形手术了。"李祥林抢着说："还是我有福气啊，芷妮在以为我要害死她的情况下，依然要保全我，这才是真正的爱啊。”

叶芷妮害羞地捶了他一拳:“别说这个了。老实交代,海椰子砸人是怎么回事?”李祥林懊恼地说:“拽树藤时算错了时间,出了点意外。我本意要砸的是自己啊。”

两个相爱的人紧紧地拥抱在一起,再不想分开。

饿死也不离婚

一、安第斯山区的奇怪风俗

在卡扬贝玫瑰园听主人玛丽莎讲故事的前几分钟，我刚声嘶力竭地打完电话，脸上满是泪痕。卡扬贝玫瑰园位于厄瓜多尔中部的安第斯山区，盛夏时分，著名的玫瑰花正肆意怒放。玛丽莎夫人是玫瑰园的主人，她说我是本月入园的第999位幸运儿，听完故事后还可收到一份礼物。玛丽莎看上去30多岁，身材娇小，一双美丽的大眼睛闪闪动人。她将我引到园子中间的雅间，递给我一杯咖啡。当咖啡的醇香弥漫着小屋时，我已身不由己地走进了玛丽莎的故事里。

玛丽莎是印第安人，五年前的她年轻漂亮，有个幸福的家庭。丈夫安东尼经营木材生意，在当地十分有钱，对她也很好，玛丽莎在家悠闲地当着太太。正当她憧憬着生个宝宝，让生活更加美满时，突然有一天，出了趟远门回来的安东尼冷冷地对她说："对不起，我们离婚吧，我会补偿你的。"

好似晴天霹雳，玛丽莎惊呆了。她泪流满面地哀求道："我哪里做得不好请告诉我，我改正还不行吗？你是我的丈夫，最亲的人，我不能没有你啊……”安东尼脸色缓了缓，眼睛看在别处，喃喃道：“你没有不好……但是，我现在不爱你了。我爱上了别的女人，我没有办法再和你一起了。我会给你钱和房子，让你生活无忧的。”玛丽莎放声痛哭起来：“我不要钱和房子，我不离婚！”安东尼愤怒地掀翻了桌子，大声吼道：“你这个愚蠢的女人！你冷静地考虑几天吧。”说罢摔门而去，留下失魂落魄的玛丽莎。

玛丽莎伤心欲绝，茶饭不思。就这样过了好几天，安东尼又打来电话，催问她考虑得怎么样。玛丽莎气若游丝地说：“除非饿死，我绝不离婚。”安东尼立刻气急败坏地咒骂起来，玛丽莎苦笑着挂了电话。

原来，在厄瓜多尔的安第斯山区有这么一个风俗，如果夫妻不是友好协商，而是反目离婚的，双方都要绝食三天。到第四天早晨，两人还必须去当地一位有威望的老人那“检验”，看是否真的饿得有气无力。如果有一方确实是真的快饿死了，则同意离婚；如果两人依然精神抖擞，这位老人将不准他们离婚。在厄瓜多尔，印第安人居住的地方，风俗往往比法律更有效力，没有人敢不服从的。玛丽莎豁出去了。

让玛丽莎意想不到的是，安东尼居然同意了！这个男人看样子完全沉浸在新的恋情中，铁了心要离婚。身材魁梧的他已经开始一天只吃一顿饭了，并请了最有威望的吉姆老人当公证人，三天后正式开始绝食。

玛丽莎慌了，六神无主。本想吓唬一下安东尼，让他知难而退，没想到他这么较真。像他这样子有备而来，三天后肯定会有气无力的。思虑再三，玛丽莎找到了神通广大的怀特先生。

二、神水挽救了家庭

怀特先生是个黑瘦的西班牙人，前几年才来到厄瓜多尔开贸易公司。玛丽莎曾听闺蜜琳达说过，他懂巫术，能看透别人的心，有众多死心塌地的追随者。琳达和她年纪相仿，就住在她家附近，两人平时无话不说。玛丽莎走投无路,火急火燎地敲开了怀特先生办公室的门。

怀特先生听完玛丽莎的哭诉,用富用磁性的声音说道:"一般来说,光喝水,绝食三天是不会死人的,大多数人也确实会有气无力。所以,那些立志要离婚的人只要熬得住便能成功离婚。除非……"他顿了顿,望着玛丽莎说:"美丽的女士,我非常同情你的遭遇,现在我打算给你两瓶神水。这神水是我用多种名贵药材加入合成维生素精制而成,你们如果喝了就离不成婚了。"

玛丽莎两眼放光,半信半疑地问道:"真的吗?如果不行呢?"

怀特先生微微一笑,说:"你可以先付一半钱,事成之后再付另一半。如果无效的话,我分文不取,退钱给你。"

玛丽莎感激地付了10万元,兴高采烈地走了。这10万元是她平时偷偷节省下来,并卖了全部的首饰才凑齐的。为了保住婚姻,这点钱又算什么?

绝食开始了。玛丽莎和安东尼来到吉姆老人指定的一间小屋子。屋子里除了两张单人床,还有一张桌子,桌子上放着一蓝一红两大杯水,蓝杯子是男方专用,红杯子则属女方。一脸憔悴的安东尼不理睬玛丽莎,倒头就上床睡了,很快打起了呼噜。玛丽莎前一天特地吃了一只大肥鸡和三个长面包,撑得饱饱的,毫无睡意。她等了一个多小时,确定安东尼熟睡之后,悄悄地取出了小瓶子,将半瓶神水倒进了蓝杯子里。神水无色无味,很快与杯中的水混为一体。玛丽莎这才上床假装睡了起来。半夜,她听见安东尼起床喝了几大口水,悬着的心才稍稍放下,沉沉睡去。

第二天中午,饿了一天的玛丽莎开始饥肠辘辘了。她偷偷瞥了眼安东尼,见他同样神色疲惫,目光散乱,模样十分可怜。玛丽莎抱着最后一线希望,走到他跟前,柔声道:"亲爱的,这又是何苦呢?别折磨自己了,我们回家重新开始吧。"安东尼闷哼了一声,别过头。霎时,她的心如刀绞,泪水涌满了眼眶。过了一会,玛丽莎突然意识到了一个严重的问题,神水难道不起作用？莫非用量太少？她顿时忐忑不安起来。等到了晚上，她趁着安东尼熟睡之际，将一整瓶神水倒进了蓝杯子里，自己一滴也舍不得喝。

第三天，玛丽莎终于惊奇地发现安东尼精神起来了！他的脸庞虽然消瘦了不少，但眼睛闪闪发亮，脚步甚至都轻盈起来。玛丽莎心中暗喜，为保险起见，午夜时分，她将最后半瓶神水也倒进了蓝杯子里。她自己呢，则偷偷地吃了一块牛肉干。这块牛肉干是她藏在贴身衣物里带进来的。

第四天天刚放亮，善良的吉姆老人就开了门，生怕这两人发生意外。他惊奇地发现玛丽莎和安东尼居然精神十足地坐在床上，玛丽莎露出了胜利的笑容，安东尼则恼怒地揪着自己的头发。吉姆当场宣布此次离婚无效，并且，两人永远不准离婚。

三、神奇的“救命木”

回家后的安东尼似乎死了心，慢慢对妻子好起来了，这让玛丽莎喜出望外。浪子回头金不换，她万分珍惜这来之不易的家庭，对安东尼加倍的温柔体贴。玛丽莎悄悄地付给了怀特先生剩余的钱，并再三叮嘱他不可以说出去。怀特先生意味深长地盯着她好一会，发誓保守秘密，玛丽莎这才放下心来。

这天，城里有个大客户急着要一批红木，不巧司机请假了。安东尼不敢怠慢，立刻组织员工把仓库里的木材搬上车，亲自开车去送。车启动时，他亲热地呼唤着：“玛丽莎，你好久没买新衣服了，要不你也顺便去一趟城里？”玛丽莎一听，高兴地跳上了副驾驶的座椅。一路上，两人有说有笑，窗外清风徐徐，好不畅快。车子沿着山路飞快地行驶，在一个转弯处，车子忽然失去控制般径直向前冲去！玛丽莎还来不及呼救，脑子嗡的一声，瞬间已经和车子一同跌下了山。山下是奔腾的大海，掉下去必死无疑，玛丽莎想抓住安东尼的手，却抓了个空……

也不知过了多久，等她醒来时已是黎明。冰冷的海水浸透了全身，腥咸的海风刀割般吹得脸生疼，玛丽莎发现自己居然死死地抱着一根红木漂浮在海面！按理说，他们的这批优质高密度红木是遇水即沉的，这根浮在海面的木头从哪里来的呢？她转念一想，才弄明白肯定是安东尼将几根稍微价廉的香膏木混在红木里面一起出售了。在茫茫大海中浮浮沉沉了几天几夜，就在玛丽莎几近绝望时，她模模糊糊听到了船桨声、喊叫声……

说到这里，玛丽莎停了下来，指着地上一根10来米长、一人合抱粗的木头，说："这就是那根救命的香膏木，被救后，我把它扛回家来了。"

"扛回家？玛丽莎夫人是开玩笑吧？你的故事不错，但不该添加这么一个不靠谱的道具。"我本来心情不太好，她又讲离婚的故事，明显是个恶作剧，我气愤离座。玛丽莎不气不恼，悠悠地对着我说："你试都不曾试过，又怎知扛不起来？如此胆小懦弱的女人真是少见啊。"我的肺都快气炸了，停下脚步，不客气地冲着她嚷道："我就不信你能扛起来！"玛丽莎点点头，快步走到木头旁，弯下腰，天！她居然轻而易举地扛起了那根粗木头！然后，朝着我微微一笑，并示意我过去。

我将信将疑地走了过去，她马上把大木头小心地移到我肩膀上，我还没吸气挺腰，已经稳稳地扛起来了！原来，这木头根本没有想象的重。玛丽莎意味深长地望着我说："所以，很多事情并不是你想象的那样。现在，还是继续我们的故事吧。"

获救后的玛丽莎随着商船向着北美洲的方向航行了几个月，这期间，她的身体渐渐复原了。她每天都在做噩梦，梦中的安东尼一言不发，温柔地望着她，就在她扑进他的怀抱时，他却猛地用力，使劲将她推下了万丈悬崖……每次玛丽莎醒来时都吓得全身颤抖，泪水涟涟。她隐约记得车子坠毁时，安东尼不在身边，那他去哪里了呢？

四、物是人非

商船一到埠，玛丽莎就迫不及待地赶回了厄瓜多尔的家。看见熟悉的房子，死里逃生的玛丽莎感慨万千。临近家门，玛丽莎激动地正要摁门铃，有只细长的手臂突然从身后伸了过来，拦腰抱住了她！玛丽莎一惊，回头才发现居然是琳达！琳达捂住她的嘴巴，把她强行拽进了小巷子里。琳达望着惊魂未定的玛丽莎，急急地说："你果然没死，我就想着这么可爱的人儿咋说死就死了呢。你知不知道，你离开后的这几个月发生了多少大事？"玛丽莎睁着茫然的大眼睛，听琳达讲述。

那天，玛丽莎随车坠入大海，安东尼在最后关头跳下了车。所有人都以为玛丽莎葬身大海，安东尼还因此得到了一笔保险赔偿金。后来，他很快跟一个妖艳的英国女人结了婚，大概就是那个曾为她死活要跟玛丽莎离婚的女人。也不知为什么，婚后的安东尼性情大变，除了和那女人厮混，花钱如流水，再也无心做生意，几个月下来，家里已是一片衰败景象。

玛丽莎大脑一片空白，这一系列的突变是她始料不及的。如今物是人非，安东尼有了新妻子，房子有了新女主人，她该怎么办呢？她要冲到安东尼面前大吵大闹一通吗？她沉吟半晌，凄然地问琳达："我先在你家住几天，冷静一下，行吗？"琳达爽快地答应了。

玛丽莎一时理不出头绪，她白天偷偷窝在琳达家里，深夜才抽空到处转转，当然，她去的最多的地方是她曾经的家。这天深夜，她又站在那楼下，望着三楼主人房的窗子发呆。窗内灯光暗淡，人影绰绰，里面隐约有争吵声。突然，窗户"嘭"的一声被撞开了，里面直挺挺地飞出一个人，转眼间重重摔在了地上！

玛丽莎吓了一跳，赶紧跑过去，一看，正是她的丈夫安东尼！几个月不见,形销骨立,满脸鲜血,正在地上痛苦地挣扎着。玛丽莎俯下身,拍打着他的脸,不停地唤他的名字。安东尼缓缓地睁开了眼睛,见到玛丽莎吃了一惊,镇静了好一会,才喘了一大口气,断断续续地说:“玛丽莎你没死啊,我快要死了……”玛丽莎“哇”的一声哭了起来。安东尼的声音越来越微弱:“车祸是我故意设计的……谁叫你不肯离婚……还有,从吉姆的小屋子出来后,我就浑身不舒服……吸毒了……是他们把我推下来……我,对不起你……”话音未落,安东尼就咽了气。

玛丽莎正想喊人报警,听见一阵嘈杂声传来,几个男女骂骂咧咧的声音越来越大,为免滋生事端,她急匆匆地逃入黑暗中……

安东尼死于几个吸毒者之间的打斗,案子很快结了。虽然玛丽莎的出现委实让大家诧异了一番,好在安东尼的财产早已挥霍一空,连房子都抵押给银行了,玛丽莎跟他的新妻子之间没有财产纠葛,新妻子很快从人们的视线中消失了,仿佛从未出现过。

五、残酷真相

好似做了一场梦,玛丽莎苦苦坚守的婚姻和家庭顷刻消亡了。她暂时寄住在琳达家里,有时午夜梦回,她总觉得哪里不对劲。她将离婚、车祸、安东尼的吸毒、死亡全过程像演电影般在脑子理了一遍,事情发生得太快太巧合,似乎有个无形的手在掌控着一切,但又找不到突破口。

苦思无解,百无聊赖中玛丽莎就在城区四处闲逛。这天从公园里出来,天已渐黑,她迷糊中走错了路,来到了一条从未走过的小巷子。巷子非常繁华热闹,灯火通明,有很多打扮性感的女人在和男人调情打闹,动作暧昧而大胆。玛丽莎脸一红,自己误打误撞竟来到了红灯区,便转身就走。“这不是玛丽莎吗？喂,等等!”有个嗲声嗲气的声音叫住了她。玛丽莎停下脚步,只见一个袒胸露乳的女人扭着蛇腰冲着她走来,她仔细一看,才认出是中学同学罗柏丝。罗柏丝摸着她的脸蛋，轻浮地笑着说："听说你丈夫死了，是不是很寂寞？以你的姿色还不知能迷住多少男人呢。过来，我给你介绍几个强壮的男人，保证你快活。哈哈哈……"这时，几个喷着酒气的男人还真的跌跌撞撞地向她们走来。玛丽莎吓坏了，甩开罗柏丝的手，飞一般逃出小巷。回到家，玛丽莎的心还狂跳不已。罗柏丝性格一向保守，怎么变得这么放荡了？恰好这时琳达从市场采购回来，玛丽莎赶紧向她打听罗柏丝的近况。琳达鄙夷地撇了撇嘴，讥讽地说："她呀，出来卖身子了。为了钱，什么男人都跟。"玛丽莎眼睛都瞪圆了："啊？那她的丈夫不管吗？"琳达哼了一声："她丈夫顾不得这么多了，还指望她挣钱回去买毒品呢。听说两个人都吸毒……"

玛丽莎听到好朋友变成这样子，难过得吃不下饭。毒品！电石火光般，她突然把一连串的事情连接起来了。安东尼吸毒，罗柏丝夫妇也吸毒，这几个人都有一个相同的地方——都曾绝食闹过离婚！玛丽莎的眼前浮现出怀特先生那张黑瘦的脸，还有神水……

正巧，几天后，琳达夫妇也闹起离婚来了，琳达也像玛丽莎当初那样重金向怀特先生求购神水。只不过，琳达取得神水后并没有偷偷地给丈夫喝，而是直接交给了警方。经化验，神水的成分除了维生素、蛋白质等营养物外，更多的是激素和海洛因。一瓶子的剂量足以让一个人染上毒瘾！

怀特先生被逮捕了。他利用厄瓜多尔的离婚风俗，趁机让人吸毒，进而控制这些人，从中牟取暴利。他还说出了让玛丽莎震动的一件事，安东尼爱上的那名英国女子也是他安排的，专门勾引当地有钱的印第安人，一旦上钩，必将倾家荡产。怀特先生看见愤怒的玛丽莎时还特别疑惑地问："为什么你没染上毒瘾呢？"玛丽莎怒火中烧，不顾警卫的拦阻，冲到他面前，狠狠地抽了他一记耳光。

六、尾声

玛丽莎的故事讲完了,她望着我的眼神澄澈而柔和。我忽然心中一动,这个冰雪聪明的女子是不是听到了我打电话时关于离婚的话题?是的,我坚决不同意离婚。不是因为我有多爱他,而是我不想承认自己输了,我不能忍受让他如此容易地与另一个女人在一起,仅此而已。

玛丽莎修长的手指轻轻搅着咖啡,幽幽地说:“安东尼虽然害过我,但这些年过去后,我反倒不那么恨他了。如果我当初不是那么执著,坚决不肯离婚,也不会让怀特这些坏人有可乘之机。女人啊,有些事其实并没有想象中那么难,比如这根香膏木。退一步海阔天空,对别人对自己都好。这木头算是我送给你的礼物,现在价值不菲呢。”

空气凝固了,屋子里出奇的安静。良久,我站起身,望着这个坚强的女人,深深地鞠了一躬,说:“谢谢你的咖啡和故事,我该走了,那些玫瑰花儿我还没仔细欣赏呢。香膏木我就不带走了,心里装下了。”

我俩相视一笑。这么久了,我第一次发现外面的阳光如此明媚。